Susanne Bergmann

Kreatives Schreiben und Medienpädagogik

Schnittstellen

Diplomica Verlag GmbH

Bergmann, Susanne: Kreatives Schreiben und Medienpädagogik: Schnittstellen, Hamburg, Diplomica Verlag GmbH 2013

Buch-ISBN: 978-3-8428-6900-4
PDF-eBook-ISBN: 978-3-8428-1900-9
Druck/Herstellung: Diplomica® Verlag GmbH, Hamburg, 2013
Covermotiv: © Pete O'Shea – Flickr.com

Bibliografische Information der Deutschen Nationalbibliothek:
Die Deutsche Nationalbibliothek verzeichnet diese Publikation in der Deutschen Nationalbibliografie; detaillierte bibliografische Daten sind im Internet über http://dnb.d-nb.de abrufbar.

Hermannstal 119k, 22119 Hamburg
http://www.diplomica-verlag.de, Hamburg 2013
Printed in Germany

Alle Gebrauchsmöglichkeiten des Wortes allen zugänglich zu machen – das erscheint mir als ein gutes Motto mit gutem demokratischen Klang. Nicht, damit alle Künstler werden, sondern damit niemand Sklave sei.

Gianni Rodari, 1973

(Rodari 1992, S. 9)

Abstract

Kreatives Schreiben und Medienpädagogik. Schnittstellen

Der Mensch hat verschiedene Kulturtechniken entwickelt, um sein Wissen zu archivieren und an kommende Generationen weiterzugeben. Grundlegend dafür sind Schrift und Bild, deren Entschlüsselung allerdings nicht naturgegeben ist, sondern des Wissens und der kulturellen Bildung bedarf. Mit der Digitalisierung und der Erfindung des Internets wird der Zugriff auf das kumulierte Wissen Ende des 20. Jahrhunderts revolutioniert und dafür eine neue Kulturtechnik, der Hypertext, entwickelt. Damit ändern sich vertraute Kommunikationsstrukturen, doch die Bedeutung der traditionellen Kulturtechniken Lesen und Schreiben wird eher gestärkt. Gleichzeitig gewinnt die bildliche Darstellung (Fotos, Videos, Grafiken, Infografiken, 3-D-Animationen, Collagen, Layouts, Tabellen etc.) an Gewicht. Das Buch befasst sich mit dieser Konvergenzbewegung zwischen Schrift und Bild unter dem Aspekt der Geschichte der Medienpädagogik und des Kreativen Schreibens, spürt deren strukturellen Gemeinsamkeiten nach und fragt, inwieweit sich diese beiden Disziplinen im Zusammenwirken bereichern und zu einem selbstbestimmten und kreativen Umgang mit der aktuellen Medienlandschaft beitragen können.

Inhalt

Vorwort ... 11

1 Einleitung ... 13

2 Annäherungen an die Medienpädagogik ... 15

2.1 Der Medienbegriff ... 17

2.2 Traditionslinien handlungsorientierter Medienpädagogik ... 18

2.3 Medienkompetenz ... 19

2.4 Aktuelle Problemfelder ... 20

2.5 Historische Wurzeln ... 21

2.5.1 Filmerziehung ... 21

2.5.1.1 Jugendfilmclubs und Jugendfilmstudios ... 23

2.5.2 Re-Education und politische Bildung ... 24

2.5.3 Jugendmedienschutz ... 24

2.6 Von "Alle Macht der Super-8" zu Wiki-Systemen ... 26

2.7 Zur Rolle der Schrift in der medienpädagogischen Projektarbeit ... 27

2.8 Zusammenfassung ... 28

3 Annäherungen an das Kreative Schreiben ... 29

3.1 Literarische Geselligkeit ... 30

3.2 Abwendung von der Genieästhetik ... 31

3.3 Methoden des Kreativen Schreibens ... 32

3.4 Kreatives Schreiben in der Schule ... 32

3.5 Prozessorientierung ... 33

3.6 Creative Writing ... 34

3.7 Der integrative Ansatz von Lutz von Werder ... 35

3.8 Kreatives Schreiben als Lehr- und Lernmethode ... 36

3.9 Zur Rolle der Bilder im Kreativen Schreiben ... 36

3.10 Zusammenfassung ... 37

4 Gemeinsame historische Entwicklungslinien ... 38

4.1 Reformpädagogik und Kunsterziehungsbewegung ... 38

4.2 Die Bildungsreform der 1970er-Jahre ... 40

4.2.1 Frühe Begegnungen ... 43

5 Strukturelle Gemeinsamkeiten ... 46

5.1 Basis anthropologischer Voraussetzungen ... 46

5.2 Das Ideal der Kreativität ... 49

5.3 Gruppenarbeit und soziale Praxis 52
5.4 Parallelität der Problemlagen 54

6 Faktische und potenzielle Schnittstellen 57
6.1 Spurensuche 57
6.1.1 Das Internet als gemeinsame Plattform 60
6.1.2 Poetische Selbstanalyse und Selbstnarration 64
6.1.3 Kollaboratives Schreiben 65
6.2 Potentiale 66
6.2.1 Kreatives Schreiben im Kontext aktiver Medienarbeit 66
6.2.2 Medienpädagogische Elemente in der Schreibwerkstatt 68
6.3 Die Entwicklung im Spiegel neuer Studienangebote 70
6.4 Bibliotheken 71

7 Schlussbetrachtung 72

8 Literatur 77

Vorwort

Vor mehr als einem Vierteljahrhundert habe ich ein Staatexamen als Kunsterzieherin abgelegt. Schon damals ging es in meiner Examensarbeit um Medienpädagogik. Ich blieb bis Mitte der 1990er-Jahre im außerschulischen Bereich und habe mit vielen Gruppen Geschichten nach deren Ideen fotografiert und verfilmt, – was mir so viel Freude bereitete, dass ich sehr lange brauchte, um meine prekären Arbeitsbedingungen zur Kenntnis zu nehmen. Dann begann ich, selbst Geschichten zu schreiben und an den öffentlich-rechtlichen Kinderfunk zu verkaufen. Diese Tätigkeit gefällt mir bis heute, aber Geschichten für Kinder segeln meistens im Windschatten jeder Kritik – sodass es schwer ist, sich in diesem Segment als Autorin weiter zu entwickeln. Deshalb bin ich noch einmal an die Hochschule gegangen.

Im Studiengang "Biografisches und Kreatives Schreiben" an der Alice-Salomon-Hochschule lernte ich eine ganze Palette an Schreibspielen und -techniken, die im Handumdrehen zu beeindruckenden Texten führen und fragte mich, warum ich diese einfachen, witzigen und effektiven Techniken bisher weder als Medienpädagogin noch als Autorin zur Kenntnis genommen habe. Bernward Hoffmann, Professor der Medienpädagogik, ließ sich von meiner Begeisterung anstecken und schlug mir vor, meine neuen Erfahrungen aus der Schreibpädagogik versuchsweise in ein medienpädagogisches Projekt zu integrieren. Im September 2011 versuchten wir es an der Fachhochschule Münster – mit guten Erfolgen.

Die Recherche zur Vorbereitung des Seminars in Münster offenbarte mir, dass die systematische Kombination von Kreativem Schreiben und Medienpädagogik ein weitgehend unbeschriebenes Blatt ist. Auch im Herbst 2011 auf dem Forum Kommunikationskultur der GMK (Gesellschaft für Medienpädagogik und Kommunikationskultur), dem inoffiziellen

Jahrestreffen der medienpädagogischen Szene, das ich seit fast 30 Jahren gerne und regelmäßig besuche, war die Reaktion auf meine Frage einhellig: Nein. Kreatives Schreiben gehöre nicht zur medienpädagogischen Praxis.

Ich bleibe dennoch, nicht zuletzt aufgrund der guten Erfahrungen in Münster, überzeugt davon, dass medienpädagogische Projekte von den Methoden des Kreativen Schreibens profitieren können. Mit entsprechenden Schreibimpulsen gelingt es, tiefer in ein Thema einzutauchen und leichter zu einer komplexen und durchdachten Haltung zu finden als in den üblichen Gesprächsrunden und Diskussionen. Die Zusammenarbeit in der Gruppe kann davon ebenso profitieren wie das gemeinsame Produkt, das inhaltlich entsprechend fundierter und interessanter gelingt. Umgekehrt stelle ich mir vor, dass auch eine Schreibwerkstatt von der Kombination mit medienpädagogischen Methoden profitieren kann. Dieses Thema arbeitet in mir, weckt längst versunkene medienpädagogische Erinnerungen und sucht nach möglichen Synergieeffekten mit den frischen Erlebnissen aus den Präsenzphasen des Studiums. Weil mir das Nachdenken darüber, trotz etlicher sumpfiger Definitionen, so ergiebig erscheint, wage ich mich nun an das Thema "Kreatives Schreiben und Medienpädagogik. Schnittstellen".

Ich sehe zwar Möglichkeiten, dieses weite Thema einzugrenzen, aber sie gefallen mir nicht und entsprechen nicht meiner Intention. Meine Überlegungen haben zum Ziel, den Berührungspunkten dieser beiden Fachdisziplinen nachzuspüren, weil ich hier Potenziale sowohl für die medienpädagogische Praxis als auch für die Arbeit in Schreibwerkstätten vermute.

Das Kreative Schreiben und die medienpädagogische Praxis haben gemeinsame Wurzeln in der pädagogischen Reformbewegung der 1970er- Jahre und verfolgen vergleichbare Ziele. Dennoch nehmen sie bislang wenig Notiz von einander. Meine These ist, dass damit beide Potenzial verschenken, auf Synergieeffekte verzichten und das momentane Medienhandeln nicht angemessen berücksichtigen, denn in der Kommunikation mit digitalen Medien werden Schrift, Ton (Sprache und Klang), Bild (Bild, bewegte Bilder, 3-D-Grafik), den technischen Möglichkeiten folgend, zunehmend kombiniert.

Die Fragestellung lautet daher: Wo liegen die Gemeinsamkeiten in der historischen Entwicklung und wo sind, daraus abgeleitet, die Chancen einer systematischen gegenseitigen Bereicherung in der pädagogischen Praxis begründet anzunehmen?

Die Schreibweise in Bezug auf die Geschlechter orientiert sich ganz konventionell an der alten deutschen Grammatik: Die Mehrzahl bezeichnet beide Geschlechter. Falls reine Männergruppen gemeint sind, wird entsprechend darauf hingewiesen. In den zurückliegenden Jahrzehnten ist es sinnvoll und üblich gewesen, stets beide Geschlechter zu betonen, weil eine gleichberechtigte Präsenz von Frauen in der Öffentlichkeit und in der Gesellschaft nicht gegeben war. Dafür wurden erhebliche Irritationen im Lesefluss in Kauf genommen. Inzwischen haben sich die Skripte diesbezüglich grundlegend geändert. Wenn beispielsweise von Lehrern oder Schülern, Autorschaft oder Bürgermedien die Rede ist, liegt die Assoziation, dass rein männliche Gruppen gemeint sein könnten, nicht mehr nahe. Die gleichberechtigte Präsenz von Frauen in der öffentlichen Wahrnehmung ist meines Erachtens nun soweit gegeben, dass der Plural tatsächlich Männer und Frauen bezeichnet.

1 Einleitung

Ende der 1960er-Jahre, als sich die Medienpädagogik im Kontext der Kommunikations- und Erziehungswissenschaften in der Bonner Republik zu etablieren beginnt, gibt es nur die Fernsehprogramme von ARD und ZDF und ab Mitternacht wird ein Testbild ausgestrahlt. Es gibt noch kein Web 2.0, keine MP3-Player, kein Internet, keine Handys, keine Personal Computer, keine DVDs und noch nicht einmal Videotheken. Die Videotechnik, die seit 1959 in den Sendeanstalten benutzt wird, ist für die pädagogische Arbeit noch unerschwinglich und im konkreten Wortsinn zu schwer. Der Zugang in die Kinos wird wirkungsvoll von der Freiwilligen Selbstkontrolle der Filmwirtschaft (FSK) geregelt, und die Bundeszentrale für jugendgefährdende Schriften (BPjS) indiziert zuverlässig bedrohliche Medieninhalte. Auch der pädagogische Einsatz von Medien ist längst Routine. Unter den ersten Filmen, die gedreht werden, sind bereits Lehrfilme, und in der Kinoreformbewegung der 1910er-Jahre geht es darum, sowohl die Urteilsfähigkeit als auch die Genussfähigkeit an herausragend guten Werken zu bilden und zu schulen. Das gleiche Anliegen haben die Jugendfilmclubs der 1950er-Jahre, die zudem der langjährigen medialen Infiltration der deutschen Jugend durch die Propagandafilme des Nationalsozialismus entgegenarbeiten.

Bis weit in die 1960er-Jahre hinein gibt es eine weitgehend klare Vorstellung von dem, was in Bezug auf Medien (Bücher, Radio, Zeitungen, Zeitschriften, Comics, Film und Fernsehen) "pädagogisch wertvoll" und was "Schmutz und Schund" ist.

Wozu braucht man da eine Medienpädagogik? Man braucht sie, weil eben diese klaren Vorstellungen enge Grenzen setzen und sich zunehmend als Fessel erweisen.

In Bezug auf Medien und Kommunikation bringen die 1960er-Jahre gravierende Veränderungen. Das Fernsehgerät erobert die westdeutschen Wohnzimmer, schon 1969 verfügen 84 Prozent der Haushalte darüber (Hickethier 1998, S. 200). Die politische und ökonomische Macht der Massenmedien wird zunehmend kritisch analysiert. Heraus kommt, dass ihre Botschaften von Herrschaftsinteressen bestimmt sind und sie die öffentliche Meinung manipulieren. Das demokratische Recht auf Informations- und Meinungsfreiheit gerät in Gefahr. Von modernen Pädagogen wird eine neue Erziehung zum mündigen Menschen gefordert, Emanzipation und Gleichberechtigung werden eingeklagt. Die reformpädagogischen Bewegungen vom Beginn des 20. Jahrhunderts werden wiederentdeckt und erleben eine zweite Phase der Hochkonjunktur. Einer der nun gefeierten Reformpädagogen ist Célestin Freinet (1896-1966), dessen Ansatz sich dadurch auszeichnet, die Trennung von Schule und Lebenswelt aufzugeben. Frei von Zwängen sollen die Kinder selbst bestimmen, was, womit, wann und mit wem sie lernen und dabei nicht an einen Schulraum gebunden sein. Den Lehrenden obliegt in diesem Konzept nicht mehr die Aufgabe, die

Inhalte zu bestimmen, sondern das kindliche Experimentieren und tastende Suchen zu begleiten und hier für Erfolge und Bestätigung zu sorgen. Freinet setzt in seinem Unterricht auch eine Druckerpresse ein, und die Kinder setzen und vervielfältigen ihre Texte, die ohne Vorgaben entstehen, selbstständig. Dass Kinder so etwas schon können, hat sowohl die medienpädagogische Fantasie als auch das Kreative Schreiben beflügelt.

Die innovativen pädagogischen Ansätze der 1970er-Jahre etablieren sich in den 1980er- und 90er-Jahren und differenzieren sich aus. Das Schreiben und überhaupt der Umgang mit Literatur und Büchern geraten der Medienpädagogik, die von einer bahnbrechenden medientechnischen Neuerung nach der anderen vorangetrieben wird, aus dem Blickfeld. Das Kreative Schreiben, das in den Anfängen ebenfalls multimediale Ansätze verfolgt, konzentriert sich auf Schreibprojekte und Schreibwerkstätten, in deren Kontext eine Transformation von Texten in andere Medien und der Medieneinsatz selbst die Ausnahme bleiben.

Dann gewinnt das Internet an Bedeutung und mit ihm die Schrift. Der informelle Umgang mit Schrift in E-Mails und SMS, bei Twitter, in Blogs und den Sozialen Netzen des Web 2.0 führt zu einem neuen Zugang zum Schreiben. Auch die spielerische Ergänzung von Texten mit Fotos und Filmen wird zunehmend alltäglich. Projekte aus der Medienpädagogik und Projekte rund um das Kreative Schreiben nutzen die neue Plattform Internet. Ein konstruktiver Austausch der beiden Disziplinen über die Weiterentwicklung der pädagogischen Methoden in der veränderten kommunikativen Praxis steht aber noch aus. Das vorliegende Buch wählt die historische Perspektive und einen systematischen Vergleich der Rahmenbedingungen der pädagogischen Praxis, um dazu beizutragen, diese noch ausstehende Debatte zu fundieren. Die Überlegungen sind auf die pädagogische Projektarbeit beschränkt, die "face to face" stattfindet; reine Internetprojekte finden folglich keine Berücksichtigung.

Der historische Abriss über die Entwicklung gemeinsamer Grundlagen der Medienpädagogik und des Kreativen Schreibens in den 1970er-Jahren klammert die Entwicklung in der DDR und damit die Arbeit zahlreicher ostdeutscher Filmclubs und Literaturzirkel aus, weil die pädagogische Zielrichtung hier eine ganz andere war. In der DDR ging es weniger um Emanzipation und Gegenöffentlichkeit als um ästhetische Bildung und vorberufliche Qualifikationen.

In dem Buch weitgehend unerwähnt bleibt auch die Entwicklung an den westdeutschen Schulen, obwohl gerade hier punktuell sehr viel für das Kreative Schreiben und für die Medienpädagogik geleistet wurde. Das wäre jedoch ein eigenes umfangreiches Thema, da der Umgang mit Medien und Impulsen des Zeitgeists aufgrund des föderalen Bildungssystems in der Bundesrepublik extrem unterschiedlich ausfiel.

Ebenfalls nicht thematisiert werden Media Literacy Projekte und Creative Writing im europäischen und außereuropäischen Ausland.

2 Annäherungen an die Medienpädagogik

Medienpädagogik gilt heute als ein Teilbereich der Erziehungswissenschaften und konzentriert sich daher in erster Linie auf die Menschen, die mit technischen Medien konfrontiert sind und mit ihnen umgehen – und nicht auf die Medien selbst (vgl. Hoffmann 2004, S. 206). Nach einer gängigen Definition umfasst sie "alle Fragen der pädagogischen Bedeutung von Medien in den Nutzungsbereichen Freizeit, Bildung und Beruf. Dort wo Medien als Mittel der Information, Beeinflussung, Unterhaltung, Unterrichtung und Alltagsorganisation Relevanz für die Sozialisation des Menschen erlangen, werden sie zum Gegenstand der Medienpädagogik" (Hüther & Schorb 2005, S. 265). Nach dieser Definition ist das Aufgabenfeld der Medienpädagogik mit der zunehmenden Bedeutung des Internets in vergangenen Jahren rasant gewachsen.

Bereits 1968 bilanziert Martin Keilhacker in der Zeitschrift *Jugend, Film, Fernsehen*, es gebe über die einschlägigen Fragen der Medienpädagogik eine "umfassende und differenzierte Literatur vor allem in den angelsächsischen Ländern, aber auch in verschiedenen Ländern des europäischen Kontinents" (Keilhacker 1968, S. 99). Dieser Schatz an ausländischen Erfahrungen wird in den 1970er-Jahren nicht geborgen. Im Zuge der allgemeinen Politisierung, die eng mit dem deutschen Thema der Vergangenheitsbewältigung verbunden ist, wird die Medienpädagogik in erster Linie politisch. Ihre Methoden eignen sich nicht nur zum Analysieren der gesellschaftlichen Kommunikation, sondern auch dazu, neben der erdrückenden Dominanz der Massenmedien alternative Medien zu produzieren. Das zieht junge, linke Studenten und Pädagogen an, die auf Emanzipation setzen und etwas Neues ausprobieren wollen – und erzeugt Unbehagen bei denen, die traditionelle Ansprüche an kulturelle und ästhetische Bildung stellen.

Durch die technische Weiterentwicklung der Aufnahmegeräte und einen generellen pädagogischen Trend zur Handlungsorientierung etabiert sich die Medienpädagogik in den 1980er-Jahren und wird in die schulische und außerschulische Angebotsstruktur eingebunden. In der alten Bundesrepublik werden zahlreiche Medieninitiativen und Medienzentren gegründet. Durch aktive Medienarbeit soll das kommunikative Repertoire erweitert und die Wirkungsweisen und Manipulationstechniken der Massenmedien fassbar werden.

> Insbesondere für Kinder, aber auch für Jugendliche und Erwachsene ist daher die Anregung eigener Medienaktivitäten ein geeigneter Weg zu einer besseren Selbstkontrolle medialer Einflüsse. Durch die Eigenproduktionen von Medien (Druckmedien, Tonbänder, Photos, Filme) teilt sich mit, daß Darstellungen in

> Medien kein getrenntes Abbild der Realität sind, sondern einer Zweckbindung aus der Sicht und den Interessen der Produzenten unterliegen (Enquete-Kommission "Neue Informations- und Kommunikationstechniken" 1983, S. 153)

Die Medienpädagogik beginnt in den 1980er-Jahren auch, sich an westdeutschen Hochschulen und Universitäten zu etablieren und findet nach und nach Eingang in die Rahmenpläne des Schulunterrichts. Mit der breiten Akzeptanz der aktiven Medienarbeit und der Vielzahl der Angebote werden die betont gesellschaftskritischen Ansätze der Anfangszeit moderater. Didaktische Konzepte werden weniger rigide gehandhabt, und auch Ästhetik wird wieder zum Thema. Da auch auf anderen pädagogischen Feldern, wie z. B. der Museumspädagogik, der Kultur-, Erlebnis- oder Theaterpädagogik, zunehmend Medien eingesetzt werden, konzentiert sich die Medienpädagogik auf die Entwicklung von Modellprojekten für die pädagogische Arbeit.

Mit der Verkabelung der alten Bundesrepublik, der Digitalisierung und dem Siegeszug der Computer, die sowohl die Kommunikationsstukturen als auch das Medienverhalten grundlegend verändern, treibt der Fortschritt die Medienpädagogik vor sich her. Es zeichnet sich ab, dass die aktuellen Aufgaben nicht allein von der kleinen Teildisziplin der Erziehungswissenschaften zu stemmen sind, was die Suche nach Allianzen beflügelt. Aktuell definiert Bernd Schorb, Professor für Medienpädagogik in Leipzig, die Medienpädagogik als "integral": "Der Begriff ‚Integrale Medienpädagogik' will der Tatsache Rechnung tragen, dass die wissenschaftliche Disziplin Medienpädagogik in die Vielfalt sozialwissenschaftlicher Disziplinen eingebettet ist und sich diesen zuordnet. Diese Zuordnung ist notwendig, da es zur Entwicklung pädagogischer Modelle der Medienaneignung, der grundlegenden Erfassung des Verhältnisses von Menschen und Medien bedarf" (Schorb 2008, S. 75).

Sein Kollege Bernward Hoffmann ordnet die Medienpädagogik in das Konzept der "Gestaltungspädagogik" ein, bei dem es um soziale Kommunikation mit künstlerischen Mitteln geht. Hier wird u.a. "Literatur und Sprache" als ein Themenfeld neben "Technische Medien und Massenmedien" gesetzt (Hoffmann et al. 2004).

Der größte Dachverband der Medienpädagogen mit etwa 1000 Mitgliedern ist die Gesellschaft für Medienpädagogik und Kommunikationskultur in der Bundesrepublik e.V. (GMK), gegründet 1984, deren jährliche Veranstaltung "Forum Kommunikationskultur" seit knapp 30 Jahren gleichermaßen Fortbildung und Szenetreff ist.

Ein bedeutender Fachverlag ist der kopaed Verlag in München, in dem auch die Fachzeitschriften *merz – medien + Erziehung* und *kjl&m forschung.schule.bibliothek* erscheinen. (Die Abkürzung kjl&m steht für Kinder-/Jugendliteratur und Medien).

Der Jugendfilmclub Köln gibt medienconcret Themenhefte für die pädagogische Praxis heraus.

Medienpädagogik ist heute in etliche sozialpädagogische Studiengänge integriert, an einigen Universitäten und Fachhochschulen gibt es auch explizit medienpädagogische Studiengänge. Die außeruniversitäre Forschung des Medienpädagogischen Forschungsverbunds Südwest (mpfs) und des Instituts für Medienpädagogik in Wissenschaft und Praxis (JFF e.V.) werden weit über das Fachgebiet hinaus wahrgenommen.

In der Bundesrepublik befassen sich zwei gemeinnützige Stiftungen ausschließlich mit dem Thema Medienpädagogik: Die Stiftung MedienKompetenz Forum Südwest (MKFS) und die Stiftung Medienpädagogik Bayern.

2.1 Der Medienbegriff

Die Inhalte der Medienpädagogik sind nicht statisch, sondern verändern sich im Zuge gesellschaftlicher Entwicklungen und medientechnischer Neuerungen. Was genau die Medienpädagogik unter Medien versteht, changiert dementsprechend. Eine weitreichende Definition wäre: Sprache, Schrift, Bild (vgl. z. B. Mettler-v. Meibom 1999, S. 23). Sie ginge aber an der Bedeutung einzelner Medien für verschiedene Epochen der Medienpädagogik vorbei.

In den frühen Konzepten der aktiven Medienarbeit (vgl. Berg et al. 1975) orientiert man sich bei der Themenwahl an der Erreichbarkeit einer konkreten Zielgruppe und bietet die Medien wie Foto, Ton-Dia, Drucktechniken, Trickfilm, Audio oder Video entsprechend an. Mit der Weiterentwicklung der elektronischen "neuen" Medien (Vidoe) und dem Aufkommen der Bürgermedien wird die aktive Medienarbeit zunehmend zur Videoarbeit. Seit den 1990er-Jahren entstehen mit der Digitalisierung zahlreiche neue Möglichkeiten der Bild- und Filmbearbeitung rund um Computer und das Internet, auf die konzeptionell reagiert wird. Die Sozialen Netzwerke und das Web 2.0 verändern die medienpädagogische Praxis dann noch einmal grundlegend.

Medienpädagogik lässt sich also weniger an Medien selbst festmachen als an den verschiedenen medienpädagogischen Traditionslinien, in denen die aktive Medienarbeit verortet wird (vgl. Röll 2006, S. 11). Was in der medienpädagogischen unter „Medien“ zu verstehen ist, bleibt dementsprechend offen.

Auch vor dem Hintergrund aktueller Hybridisierungen und zahlreicher Spielarten von Intermedialität erscheint eine exakte Definition von Medien im Kontext von Medienpädagogik wenig sinnvoll.

2.2 Traditionslinien handlungsorientierter Medienpädagogik

Die handlungsorientierte Medienpädagogik hält Mediennutzer grundsätzlich für fähig, Medien sinnvoll und konstruktiv in den eigenen Lebensalltag einbinden zu können, sie kritisch rezipieren und selbst gestalten zu können, was durch zahllose Projekte aktiver Medienarbeit belegt ist. Die aktive Medienarbeit, um die es im folgenden Text im Schwerpunkt gehen wird, ist die zentrale Methode der Medienpädagogik.

Franz Josef Röll, Professor für Medienpädagogik und neue Medien in Darmstadt, unterscheidet sechs Traditionslinien handlungsorientierter Medienpädagogik, die im Folgenden knapp skizziert werden (vgl. Röll 2008, S. 513 ff. und 2006, S. 10-26):

1. In der kritisch-reflexiven Tradition geht es um die Analyse von Kommunikations- und Herrschaftszusammenhängen und die aktive Mitgestaltung der demokratischen Gesellschaft durch selbst produzierte Medien. Ziel ist die Fähigkeit zur autonomen Aneignung von Realität durch selbstständiges Beobachten, Erkunden und Bewerten.
2. In der eher produktorientierten journalistischen Tradition geht es um die Fähigkeit zur Teilnahme an Mediendiskursen und darum, sich mit seinen Anliegen Gehör zu verschaffen, beispielsweise durch die Nutzung der Offenen Kanäle.
3. Projekte der lebensweltorientierten Tradition rücken den Sozialraum in den Mittelpunkt. Hier geht es um die Aneignung des Sozialraums und eine Erweiterung der Sozialraumerfahrung.
4. In der kulturell-ästhetischen Tradition liegt der Schwerpunkt auf der Wahrnehmungsbildung. Im Zentrum stehen ästhetische Erfahrungen und Experimente und Selbstreflexion.
5. Die zielgruppenspezifische Tradition konzentriert ihre Angebote auf bestimmte Gruppen, z. B. Mädchen, Jungen, Senioren etc. und vermittelt vorrangig die Befähigung zu Kooperation, Kommunikation und Kollaboration.
6. Die jüngste Tradition ist die virtuelle. Sie konzentriert sich auf den neuen Lern- und Erfahrungsraum, der sich mit dem Internet und dem Web 2.0 aufgetan hat und praktiziert ein neues Lehr-Lern-Verhalten.

Die virtuelle Tradition ist eng verbunden mit dem Namen von Franz Josef Röll, der eine „Pädagogik der Navigation“ entwickelt hat (Röll 2003). Er weist ausdrücklich darauf hin, dass in der Praxis Mischformen der Regelfall sind. Das Bestechende an seiner Analyse ist, dass sie eine Struktur in das bunte Erscheinungsbild aktiver Medienarbeit bringt. „Aktive Medienarbeit gilt zu Recht als ein geeigneter Weg, die Geheimnisse der Medien zu entschleiern. [...] Wenn sich in der Praxis auch viele Ansätze miteinander vermischen und einzelne Ansätze an Bedeutung verloren haben, kann die folgende Darstellung den Blick für die Vielfalt [...] schärfen“ (Röll 2006, S. 17).

In der aktuellen medienpädagogischen Praxis sind sämtliche Traditionslinien noch vertreten, und es gibt viele Projekte, die inzwischen das Internet in irgendeiner Form mitnutzen. Charakteristisch ist aber nach wie vor die prozessorientierte Projektarbeit in Gruppen. Die Medienprodukte, die dabei entstehen, sind zwar wichtig, werden aber als Teil des Prozesses gesehen. Das unterscheidet die medienpädagogische Arbeit trotz möglicherweise professioneller Ergebnisse im Grundsatz von einer professionellen Produktionsweise.

2.3 Medienkompetenz

Der Schlüsselbegriff der Medienpädagogik ist *Medienkompetenz*. Dieser Begriff prägt den Diskurs, seitdem Dieter Baacke ihn als fachbezogene Konkretisierung der „Kommunikativen Kompetenz“ ins Spiel bringt (vgl. Moser 2008, S. 15).

Die Medienkompetenz, die Baacke ausdrücklich als „Zielorientierung“ (Baacke 1997, S. 96) verstanden wissen will und nicht als Ergebnis eines einzelnen Medienprojekts sieht, umfasst die vier Dimensionen Medienkritik, Medienkunde, Mediennutzung und Mediengestaltung, die von ihm im Einzelnen jeweils sehr komplex ausgeführt werden (vgl. Baacke 1997).

Auch hier wird der Medienbegriff nicht konkretisiert oder eingeschränkt. Diese Offenheit ist gleichzeitig seine Stärke und seine Schwäche. Stärke, weil der Begriff über die fundamentalen Veränderungen der Medienlandschaft hinweg trägt; Schwäche, weil die fehlende Konkretion zur Vereinfachung und Überstrapazierung des Begriffs einlädt und die Handhabe bei der Reflexion konkreter Projekte erschwert wird.

Die 4. Dimension, die Mediengestaltung, ist im Kontext der Fragestellung besonders interessant, weil sich das Kreative Schreiben und die Medienpädagogik hier theoretisch treffen. Baacke führt zur Mediengestaltung aus: „Hiermit ist gemeint, dass Medien sich ständig verändern, dies aber nicht nur in technischer Hinsicht (die neuen Welten von Cyberspace), sondern auch inhaltlich, indem die Software die Möglichkeit bietet, neue Inhalte gestaltend einzubringen etc. Auch hier gibt es zwei Unterdimensionen: (a) die innovative (Veränderungen, Weiterentwicklungen des Mediensystems innerhalb der angelegten Logik) und (b) die kreative (Betonung ästhetischer Varianten, das Über-die-Grenzen-der-Kommunikationsroutine-hinaus-Gehen, neue Gestaltungs- und Thematisierungsdimensionen)" (Baacke 2006, S. 243).

Uwe Sander, Professor für Medienpädagogik und Jugendforschung an der Universität Bielefeld, weist darauf hin, dass sich Jugendliche in informellen und jugendkulturellen Kontexten bereits viel Wissen über Medien aneignen, aber nicht alle gleichermaßen alles, was sie „zur Bewältigung ihrer Medienwelt benötigen" (Sander 2001, S. 94), und insbesondere die Medienkritik und die kreative Mediennutzung auf der Strecke blieben. Der Medienpädagogik bleibe daher die Aufgabe, die Entwicklung von Medienkompetenz zu unterstützen und zu fördern (ebd., S. 95).

Medienkompetenz stellt sich also nicht von alleine ein, sondern bedarf entsprechender Impulse.

2.4 Aktuelle Problemfelder

Im Zuge der öffentlichen Debatte um die Gefahren durch Medien, beispielsweise durch Ego-Shooter-Spiele, pornografische Seiten oder Amateuraufnahmen von Gewaltexzessen im Internet, wird von so vielen Seiten nach „Medienkompetenz" gerufen, dass die Medienpädagogik droht, diesen Begriff zu verlieren. Joachim Weiner zieht 2011 die bittere Bilanz, dass das „vielversprechende Label Medienkompetenz" inzwischen Politik und Wirtschaft dazu diene, Probleme und Risiken der rasanten Medienentwicklung an den einzelnen Bürger zu delegieren und weniger im Dienste eines selbstbestimmten als eines marktkonformen Umgangs mit den Medien stehe (Weiner 2011, S. 42 ff).

Auch Bernward Hoffmann, Vorstandsmitglied der Gesellschaft für Medienpädagogik und Kommunikationskultur (GMK), äußerst sich auf der Website der GMK skeptisch. Medienbildung werde zwar verbal – mit einem gewissen Fokus auf den Jugendmedienschutz – als wichtige Querschnittsaufgabe bestätigt, aber gleichzeitig "zerrinnt eine grundständige Medienbildung im Alltagsgeschäft der pädagogischen Institutionen und der bildungspolitischen Schwerpunkte. Der Gegenstand ist zu 'groß' und zu 'vielschichtig', als dass er pragmatisch unter ein Dach passen könnte. [...] Trotz viel beschworener Kooperation sind Jugendhilfe und Schule verschiedenen Ministerien und deren Profilinteressen zugeordnet. Und die unterschiedliche Zuständigkeit der Bundes- und Landesministerien macht es auch fast unmöglich, sich unter einem Dach 'Medienbildung' mit konkreten Konsequenzen zu engagieren" (aufgerufen am 15.04.2012 unter www.gmk.net).

Beide Kritiken weisen indirekt auf ein weiteres Grundproblem der Medienpädagogik hin: Öffentliche Zuwendungen, Projekt- und Sponsorengelder werden eher für die technische Ausrüstung und einmalige Projekte bewilligt als für kontinuierliche, flächendeckende Angebote und das dafür erforderliche Personal. Aufgrund der weitgehend fehlenden Finanzierung der Basisarbeit gibt es große Konkurrenzen um Projektfördermittel, die dazu ermuntern, die eigene Arbeit marktschreierisch als innovativ und einmalig darzustellen, anstatt sie konstruktiv in den Kontext anderer Angebote einzuordnen und Kontinuität aufzubauen.

Auch eine klare Abgrenzung zu anderen Feldern, auf denen kreativ und mit Medien gearbeitet wird, z. B. Kunst- und Kulturpädagogik, gibt es nicht, und sie wäre auch nicht sinnvoll, die Grenzen und Allianzen sind fließend (vgl. Bergmann et al. 2000, S. 129).

Eine Vergleichbarkeit der Angebote ist daher sehr schwierig. In der Praxis findet ein Abgleich vorwiegend im Kontext von Wettbewerben (z. B. Deutscher Jugendfotopreis, Deutscher Jugendvideopreis) und auf Tagungen statt. Dabei steht das Produkt im Vordergrund, denn der Prozess ist weniger anschaulich vermittelbar. Die Vielzahl an Zielgruppen – es gibt faktisch keine Gruppe, für die ein medienpädagogisches Angebot ausgeschlossen ist – und die Vielzahl an Medien erleichtern den Überblick über die bunte Szene der Medienpädagogik nicht.

2.5 Historische Wurzeln

2.5.1 Filmerziehung

Die Medienpädagogik hat eine starke historische Wurzel in der Filmerziehung und der Kinoreformbewegung der 1910er-Jahre. Trotz großer Skepsis gegenüber dem neuen Medium Film gibt es von Beginn an auch Visionäre, die den Film auf seine kommunikativen, politischen, künstlerischen und pädagogischen Chancen hin abklopfen und nicht allein kommerziellen Interessen überlassen wollen. Ein Vertreter der Kinoreformbewegung war der Hagener Professor Adolf Sellmann, von dem das folgende Zitat von 1912 stammt:

> Die Stadtverwaltungen müssen demnach schon aus materiellen Gründen sich um die Kinos kümmern. Wichtiger sind jedoch die ideellen Gründe. Der Stadtgemeinde muß doch daran liegen, daß die Bildungsmöglichkeiten der Bürger immer reicher und trefflicher ausgestaltet werden. Ist aber der Kinematograph, wie er

> heute noch durchweg beschaffen ist, ein vorbildliches Bildungsinstitut? Jeder Sachkenner wird das verneinen. Als Produkt von Masseninstinkt und Privatspekulation ist der Kino vielfach zu einem Verbildungsinstitut hinabgesunken. Das gilt besonders von den sensationellen Dramen, deren größter Teil nicht anderes ist als ästhetischer Schund. Das Hinabgleiten des Kinos auf dieses Niveau ist um so mehr zu bedauern, als der Kinematograph, der 'Bewegungsschreiber', richtig gebraucht, einen außerordentlichen Kulturfortschritt und ein sehr wertvolles Bildungsmittel bedeutet (Sellmann 1912, S. 52).

Die Option auf Bildung durch die Rezeption anspruchsvoller Filme bleibt in der Pädagogik ein wichtiges Thema. Auch die Filmproduktion im Amateurbereich gewinnt früh an Gewicht, nachdem in den 1920er-Jahren verschiedene Amateurkameras auf den Markt kommen. In der medienpädagogischen Diskussion weist vor allem Wolfgang Wunden, der sich maßgebend mit der Entwicklung des Berufsbilds des Medienpädagogen befasst hat, auf die Schulfilmbewegung der Reformpädagogik hin, um die medienpädagogische Arbeit historisch zu fundieren (vgl. Schorb 1989, S. 215). Das wurde in der weiteren Debatte zunächst nicht aufgegriffen, rückt aber durch einschlägige Buchveröffentlichungen in den letzten Jahren wieder in den Fokus (z. B. Niesyto 2006; Spielmann 2011). Das Bildungspotenzial des Films verliert durch die Digitalisierung und die Entwicklung non-linearer Kommunikationsstrukturen im Internet nicht an Gewicht.

> Eine Forderung, die durchaus schon mehrfach im 20. Jahrhundert gestellt und damals offenbar nicht zufrieden stellend erfüllt, in das 21. Jahrhundert übernommen wurde. Die Kulturtechnik 'Film verstehen' wird [...] ebenso wie die Kulturtechnik 'Lesen' als eine Art Schlüsselkompetenz der Medien- bzw. Wissensgesellschaften im 21. Jahrhundert interpretiert: Filmerziehung als Schlüsselkompetenz nicht nur zum Verständnis von Gewalt verherrlichenden Computerspielen und von Gefahren des Internets [...], sondern als grundsätzlich verfügbare ästhetische Kompetenz (Wiedemann 2003, aufgerufen am 20.08.2012 unter www.gmk-net.de).

In der Bonner Republik verfügt die Filmerziehung mit den Landesfilmdiensten seit den 1950er Jahren über eine institutionalisierte Basis.

2.5.1.1 Jugendfilmclubs und Jugendfilmstudios

In den 1950er- und 1960er-Jahren etablieren sich Filmclubs und Jugendfilmclubs in der alten Bundesrepublik und der DDR als Orte ästhetischer Debatten. In der DDR wird 1956 im Plan zur Förderung der Jugend die Heranbildung von Schmalfilmern festgeschrieben (aufgerufen am 11.07.2012 unter www.defa.de). Drei Jahre später wird die Losung „Greif zur Kamera, Kumpel“ ausgegeben, die sich an die Bewegung der schreibenden Arbeiter richtet (ebd.).

Auch aufgrund technischer Entwicklungen gewinnt die Amateurfilmproduktion an Fahrt[1]. In der entsprechenden Ratgeberliteratur gibt es zahlreiche Tipps, wie man zu einem guten Film kommt. Die Amateure werden hier explizit als „Filmdichter“ angesprochen, und es wird ihnen nahegelegt, als Grundlage der Filmarbeit Drehbücher zu verfassen. Das Filmen avanciert zur beliebten Kunstform. Diesem Trend folgend, werden in Berlin zwei Jugendfilmstudios eröffnet: im Jahr des Mauerbaus, 1961, im Haus der jungen Talente in Ostberlin und 1963 als Einrichtung des Jugendsenats in Westberlin Stadtteil Kreuzberg. Das Westberliner Jugendfilmstudio in Kreuzberg bietet zunächst genau das, was der Name verspricht: Das professionell ausgerüstete Studio steht jungen Leuten zur Verfügung, die 16-mm-Filme nach eigenen Vorstellungen realisieren wollen. Unter den Händen junger, gebildeter Erwachsener entstehen in mühevoller Kleinarbeit ästhetisch anspruchsvolle Produktionen. Die Teilnehmer der Seminare sind überwiegend männlich; der Umgang mit Technik gilt in den 60er-Jahren im Westen Deutschlands als Männersache. Inhaltlich geht es um die Auseinandersetzung mit den Meistern des Filmfachs; vor allem Kultfilme aus den 1940er-Jahren dienen als Vorbild der Filmästhetik (vgl. Kornblum 1999, S. 23 f.). „1967 gibt der Senat sein Jugendfilmstudio in die Hände eines freien Trägers. Der offizielle Auftrag lautet nun: *Entwicklung und Erprobung von Modellen zur politischen Bildung mit Hilfe von Medien*“ [Herv. i. O.] (ebd.). Das Jugendfilmstudio im Osten, über dessen Arbeit und auch dessen Schließung keine verfügbaren Veröffentlichungen existieren, wird bereits vor der Wende wieder geschlossen; das Jugendfilmstudio im Westen hält sich bis 1995 (ebd., S. 29). Noch heute gibt es in Köln eine erfolgreiche medienpädagogische Einrichtung mit dem Namen „Jugendfilmclub Köln“, die allerdings erst 1976 gegründet wurde.

Aktuell werden in mehreren Städten Amateurfilme aus den 1950er- und 60er-Jahren gesammelt, um regionale Zeitgeschichte zu dokumentieren[2].

---

[1] Bücher wie “Filmen mit 8-mm”, Band 6 aus der Reihe “Filmbücher für alle” oder “Der Schmalfilmamateur” erreichen 1953 im Düsseldorfer Wilhelm Knapp Verlag hohe Auflagen von über 10.000 Exemplaren.

[2] In Dortmund wurde die Edition gesammelter Amateurfilme von der Lokalzeitung *Ruhr Nachrichten* auf fünf DVDs unter dem Titel *So war das – Filmschätze aus Dortmund* herausgebracht.

2.5.2 Re-Education und politische Bildung

Die aktive Medienarbeit der Alliierten in Deutschlang nach dem Zweiten Weltkrieg betont eine andere starke Wurzel der Medienpädagogik: die politische Bildung. Nach Kriegsende greifen die Alliierten im Rahmen der Re-Education quasi als Gegengift gegen die langjährige Infiltration mit nationalsozialistischem Gedankengut auch auf Filme zurück, um einen neuen Blick auf die Welt zu ermöglichen und ein demokratisches Bewusstsein zu schaffen. Zielgruppe sind in erster Linie die jungen Deutschen. In Berlin wird 1946 unter kanadischer, amerikanischer und britischer Leitung das "whitefish studio" gegründet, das mit Fotografie und der Herstellung von Trickfilmen auf 8mm-Film auch aktive Medienarbeit anbietet. In allen Besatzungszonen beginnt die Umerziehung mit Hilfe von Filmen, die gemeinsam angesehen und diskutiert werden. Falk Rebitzki, Jahrgang 1930 und später langjähriger Leiter des Kreuzberger Jugendfilmstudios, erinnert sich daran so: "Am interessantesten fand ich [...] den russischen Kulturoffizier, der uns sagte: 'Wenn ich die Natur beobachten will, brauche ich eine Lupe, aber wenn ich die Gesellschaft erkennen will, brauche ich eine Filmkamera.' Er fing an, mit uns kleine 8-mm Filme zu politischen Ereignissen zu drehen. Mit ihm zusammen besuchten wir die FDJ-Filmgruppen in der Mark Brandenburg. Wir, das waren inzwischen etwa zehn Berliner Jugendliche zwischen 14 und 18 Jahren. Die pädagogische Aufmerksamkeit der Alliierten hatten wir uns damit verdient, daß wir bereits als Soldaten im Krieg gewesen waren" (Rebitzki 1993, S. 114 f.).

2.5.3 Jugendmedienschutz

Die älteste medienpädagogische Methode ist die Verhinderung des Zugangs zu Medien, deren Einfluss als schädlich bewertet wird. Um Kinder und Jugendliche von Filmen für Erwachsene fernzuhalten, wird Anfang 1948 die Freiwillige Selbstkontrolle der Filmwirtschaft (FSK) gegründet, nach dem Vorbild des in den USA geltenden Production Code. Bis heute nimmt die FSK eine Kennzeichnung von Filmen nach Altersgruppen vor, auf Grundlage des Gesetzes zum Schutze der Jugend in der Öffentlichkeit (JÖSchG) bzw. seit 2003 auf Grundlage des Jugendschutzgesetzes (JuSchG). 1953 wird vom Deutschen Bundestag das "Gesetz über die Verbreitung jugendgefährdender Schriften" (GjS) beschlossen, das seitdem die Bundesprüfstelle für jugendgefährdende Schriften (BPjS, 2003 umbenannt in Bundesprüfstelle für jugendgefährdende Medien BPjM) ermächtigt, Medien auf den Index zu setzen. Das hat zur Folge, dass diese Medien nicht mehr öffentlich beworben werden können und nur noch an Erwachsene abgegeben werden dürfen.

Die westdeutsche Medienpädagogik der 1970er-Jahre mit ihrer Aura rebellischer Gegenöffentlichkeit stemmt sich vehement dagegen, in die Nähe dieser behördlichen "Bewahrpädagogik" gerückt zu werden.

Mitte der 1980er-Jahre ändert sich die Lage. Das öffentlich-rechtliche Rundfunksystem wird zum dualen Rundfunksystem erweitert, und erstmals dürfen auch private Anbieter Radio- und Fernsehprogramme ausstrahlen. Im Zuge dieser Reform werden in einigen Städten offene Kanäle eingericht, die allen Bürgern offen stehen, die im Fernsehen oder im Radio etwas mitteilen wollen. Damit entsteht zumindest theoretisch eine neue Art von Kommunikation und Öffentlichkeit, die an eine Idealvorstellung der Medienpädagogik anknüpft: Ganz im Sinne der Brechtschen Radiotheorie[3] wird die Trennung zwischen Rezipient und Medienproduzent aufgehoben.

Das duale Rundfunksystem zieht auch neue Instanzen der Programmkontrolle nach sich. Die Landesmedienanstalten, die Kommission für Jugendmedienschutz (KJM) und die Freiwillige Selbstkontrolle Fernsehen (FSF), die finanziell gut ausgestattet sind, stellen nun unter dem Label "präventiver Jugendmedienschutz" Projektgelder für aktive Medienarbeit zur Verfügung. Sinn des "präventiven Jugendmedienschutzes" ist es, Heranwachsenden so viel Kompetenz im Umgang mit Medien und problematischen Medieninhalten mit auf den Weg zu geben, dass befürchtete negative Medienwirkungen wie Gewaltbefürwortung, Ängstigung oder sozialethische Desorientierung minimiert werden. Das führt dazu, dass sich Jugendschutz und Medienpädagogik aufeinander zu bewegen. "Moderner Jugendmedienschutz sieht neben den klassischen Mitteln der Kontrolle und der Zensur die Notwendigkeit des präventiven Jugendmedienschutzes, der auch in der Initiierung und Unterstützung medienpädagogischer Maßnahmen durch Jugendschutzeinrichtungen gesehen wird" (Schell 1999, S. 362).

Der Ausbau des Internets bringt weitere neue Selbstkontrolleinrichtungen, die sich speziell mit multimedialen Angeboten befassen. Sie kümmern sich ebenfalls um gute Angebote für Kinder, wie z. B. die Freiwillige Selbstkontrolle Multimedia-Diensteanbieter (FSM) e. V., die im Internet die Kinder-Suchmaschine "Frag Finn" als Projekt betreibt. Inzwischen etabliert sich auch die schöne Wortschöpfung "positiver Jugendmedienschutz", die indirekt auf die alten Animositäten verweist (u.a. www.kidsville.de; FSM Jahresbericht 2011, S. 24).

---

3 "Der Rundfunk ist aus einem Distributionsapparat in einen Kommunikationsapparat zu verwandeln. Der Rundfunk wäre der denkbar großartigste Kommunikationsapparat des öffentlichen Lebens, ein ungeheures Kanalsystem, das heißt, er wäre es, wenn er es verstünde, nicht nur auszusenden, sondern auch zu empfangen, also den Zuhörer nicht nur hören, sondern auch sprechen zu machen und ihn nicht zu isolieren, sondern ihn auch in Beziehung zu setzen." (Bertolt Brecht (1927). Radio – eine vorsintflutliche Erfindung? Zitiert nach: Wiedemann 2012, S. 100).

Das Web 2.0 löst schließlich das ein, was die offenen Kanäle versprochen haben: Es ist der "denkbar großartigste Kommunikationsapparat" (Brecht 1927, zitiert nach Wiedemann 2012, S. 100), der sich zudem aufgrund seiner Struktur weitgehend einer Kontrolle entzieht. Das führt endgültig zu einem Paradigmenwechsel beim Jugendschutz. Allen Gefährdungen, die unterhalb der Schwelle einer strafrechtlichen Verfolgung bleiben, wird nun durch die Stärkung des Individuums im Umgang mit kritischen Medieninhalten begegnet. Die traditionellen Altersfreigaben (0, 6, 12, 16 und 18 Jahre) sind zwar für die Veranstalter rechtlich bindend, haben aber für die Rezipienten lediglich noch eine Orientierungsfunktion.

2.6 Von "Alle Macht der Super-8" zu Wiki-Systemen

["Alle Macht der Super-8" ist ein Slogan der alternativen Studentenfilmgruppen in den 1970er-Jahren (vgl. Köhler 1980, S. 183).]

Die Medienpädagogik und ihre Methoden sind eng mit der Geschichte des technischen Fortschritts verbunden. Die AV-Aufnahme- und Wiedergabegeräte und auch die Drucktechnik sind kontinuierlich kleiner, leichter, bedienungsfreundlicher und erschwinglicher geworden. Dennoch wird die Palette an Möglichkeiten eher nicht ausgeschöpft. Schon in den 1980er-Jahren avanciert Video zum Leitmedium und drängt andere Medien wie Foto-Geschichten, Ton-Dia, Feature, Hörspiel, Super-8-Film, Zeitung, Wandzeitung oder Plakat deutlich in den Hintergrund. Auch hier spielt die Weiterentwicklung der Videotechnik eine nicht unwesentliche Rolle: Handliche Camcorder lösen die schweren Videoausrüstungen ab, Schnittcomputer ermöglichen bildgenaues Arbeiten beim Videoschnitt, und mit entsprechenden Projektoren können Videofilme nun auch auf Leinwand vor großem Publikum gezeigt werden.

In den 1990er-Jahren hält der Computer Einzug in die aktive Medienarbeit. Digitalisierung, Vernetzung und Interaktivität bringen eine Vielzahl an neuen Möglichkeiten. Die Produkte, zu denen nun auch Webseiten, CDs oder DVDs gehören können, werden attraktiver und professioneller; die Gruppenarbeit wird es eher nicht. Die Konzepte, die der Arbeit zugrunde liegen, sind im Regelfall aus den 1980er-Jahren und passen nicht wirklich zu den neuen Möglichkeiten. "Der Medienpädagoge, der seine Schützlinge an die Hand nimmt und ihnen zeigt, wie es geht, gehört der Vergangenheit an. [...] Die verlinkte Komplexität der Computerwelten und deren schnelle Updates tangieren sowohl die medienpädagogische Projektarbeit als auch das Berufsbild selbst" (Bergmann et al. 2000, S. 129). Jugendlichen, auch schon Kindern, fällt der Umgang mit Computern, Computerspielen und interaktiven Angeboten im

Regelfall leicht, auch das Web 2.0 erobern sie schneller als die Medienpädagogen – aber auf sich allein gestellt eben nicht umfassend und systematisch. Die pädagogische Anleitung konzentriert sich nun darauf, die Kompetenzen und das Erfahrungswissen der Kinder und Jugendlichen aufzugreifen und einzubinden.

Neu ist die weitgehende Lernautonomie, z. B. bei der Erstellung von Wikisystemen, wo Texte, Bilder und Töne zusammengetragen, kommentiert, angewählt und verknüpft werden können (interaktiver Hypertext). Röll geht davon aus, dass in der Wissensgesellschaft zunehmend weniger Daten- und Faktenwissen verlangt wird, aber "ein reflektierter Umgang mit verschiedenen Wissensformen. Nonlineares Lernen, wurzelartige Lern-Strukturen (Rhizome) und interaktive Lernprogramme tragen nicht nur zur Lebenserhaltung (Qualifizierung), sondern auch zur Lebensentfaltung bei" (Röll 2006, S. 26). Trotz der intensiven Hinwendung zu den neuen Möglichkeiten, die das Internet mit sich bringt, wird die für die Medienpädagogik typische Prozessorientierung und Gruppenarbeit aber nicht aufgegeben. Die Projektarbeit findet im Regelfall überwiegend face-to-face statt.

2.7 Zur Rolle der Schrift in der medienpädagogischen Projektarbeit

Kaum ein medienpädagogisches Projekt kommt ohne das Schreiben aus. Zwar werden die Themen im Regelfall in mündlichen Brainstorming-Verfahren gefunden und ausdiskutiert, – oder sie sind bereits gesetzt –, und auch die Dialoge werden üblicherweise im Stegreif entwickelt: dennoch werden Exposés, Drehpläne oder Ablaufpläne geschrieben. In Zeitungs- und Tagesschauprojekten werden Artikel und Berichte verfasst, zu Fotogeschichten Sprechblasen und Unterzeilen getextet, Videoszenen werden mit schriftlich erarbeiteten Kommentaren unterlegt, und ganze Hörspiele entwickelt. Sehr wichtig sind auch die Titel der Produktionen. Hier wird um Wörter gerungen, bis alle Beteiligten zufrieden sind. Die Einladungen zu den Premierefeiern müssen geschrieben und die passenden Worte für die Dokumentation des Projekts gefunden werden. Doch wie diese Texte entstehen, wird in der medienpädagogischen Literatur meines Wissens nicht thematisiert. Die Qualität von Texten oder der Witz von Wörtern spielen zwar faktisch eine Rolle, aber die Arbeit daran gehört offenbar nicht zum Konzept. Die Produktion von Texten nach Methoden des Kreativen Schreibens findet in der Fachliteratur kaum Erwähnung.

2.8 Zusammenfassung

Die Geschichte der Medienpädagogik und die Geschichte der aktiven Medienarbeit in pädagogischen Kontexten sind nicht deckungsgleich. Die Medienpädagogik entsteht in der alten Bundesrepublik Ende der 1960er-Jahre und entwickelt die aktive Medienarbeit als ihre Methode erst in den 1970er-Jahren, als die Geschichte des aktiven Umgangs mit Medien in der Pädagogik bereits viele Stationen hinter sich hat.

Das dominante Medium in der prozessorientierten Gruppenarbeit ist das Bewegtbild (Film, Video, Animationen). Die Produktion von Texten ist dabei ein selbstverständlicher Bestandteil. Wie diese Texte entstehen, wird in der Fachliteratur allerdings kaum thematisiert und ist auch in der Fachdiskussion der letzten Jahrzehnte kein zentrales Thema gewesen. Seitdem die Digitalisierung die Handhabbarkeit von Medien deutlich leichter und attraktiver gemacht hat, gehören der Medieneinsatz und die Medienproduktion als gängige Methode in verschiedene pädagogische Kontexte (wie z. B. Theaterpädagogik, Kulturpädagogik, Museumspädagogik). Dabei wird üblicherweise auf Konzepte zurückgegriffen, die in medienpädagogischen Modellprojekten entwickelt und erprobt wurden. Das selbstgesteckte Ziel, eine eigene flächendeckende Angebotsstruktur zu etablieren und als Querschnittsaufgabe im Rahmen von Schulunterricht wahrgenommen zu werden, hat die Medienpädagogik bislang nicht erreicht.

3 Annäherungen an das Kreative Schreiben

Ein kreativer Umgang mit Schrift ist bereits seit der Antike belegt. Aus dieser Zeit stammen Schreibspiele wie das ABCedarium, Akrostichon, Anagramm oder Alliteration (Mischon; Schulte-Steinicke & Werder v. 1992, S. 104 f.).

Das Kreative Schreiben als Fachbegriff meint allerdings nicht jeden schöpferischen Umgang mit Buchstaben, sondern fasst seinen Gegenstand enger: Es geht um das Schreiben in Gruppen, das unter pädagogischer Anleitung stattfindet oder zumindest durch Konzepte, Anleitungen, Impulse oder Inszenierungen gerahmt ist.

Innerhalb dieser Grenzen unterliegt der Begriff einem ständigen Wandel, der zum einen durch die Reflexion der Praxis und die Verortung in verschiedenen Kontexten gegeben ist, zum anderen durch den Blick über den Atlantik. Kreatives Schreiben ist ein Lehnwort aus den USA und bedeutet dort etwas anderes als hierzulande. Beim "Creative Writing" geht es vorrangig um die Ausbildung von Schriftstellern und Journalisten, also um das professionelle Schreiben. So changiert das weite Feld des Kreativen Schreibens in Deutschland zwischen den Polen Professionalisierung, Prozessorientierung, Persönlichkeitsentwicklung und Fantasietätigkeit.

Der Startschuss für das Kreative Schreiben in Deutschland fällt 1971 mit einem Artikel des Deutschdidaktikers Fritz Winterling in der Fachzeitschrift "Diskussion Deutsch" (vgl. Mischon 2010, S. 2). Da sich die Methoden des Kreativen Schreibens im Deutschunterricht schnell als effektiv und erfolgreich erweisen, finden sie den Weg in die außerschulische Jugendarbeit, die kulturelle Bildung und die soziale Arbeit. Sie passen in den Trend der Zeit, denn in den 1970er- und 80er-Jahren boomt die kreative Selbstverwirklichung (vgl. Bothe 1998, S. 1372) ebenso wie die kreative Arbeit in der Gruppe, im Kollektiv oder Team.

Der Beginn im Kontext von Schule trägt dazu bei, dass in den außerschulischen Schreibwerkstätten auf viele konkrete Unterrichtsbeispiele mit pädagogischen Begründungen und theoretischen Einbindungen zugegriffen werden kann. Die Schreibwerkstätten richten ihre Angebote im Prinzip an alle Menschen, die schreiben und lesen können – und Lust dazu haben. Dozent für Kreatives Schreiben, Schreibcoach, Schreibtrainer oder Autor kann auch jeder sein, denn diese Berufsbezeichnungen sind nicht geschützt.

Seit 1982 ist der "Segeberger Kreis. Gesellschaft für Kreatives Schreiben" ein Forum für den Erfahrungsaustausch und die gegenseitige Fortbildung (vgl. Bothe 1998, S. 1373). Ein wichtiger Fachverlag zum Themenfeld ist der Berlin/Milower Schibri-Verlag. Eine Fachzeitschrift der Szene ist das Magazin *TextArt*, das seit 2000 vierteljährlich im TextArt-Verlag erscheint, sich inhaltlich aber nicht wesentlich von der „Federwelt“ aus dem Uschtrin-Verlag unterscheidet, die sich an Autoren richtet.

3.1 Literarische Geselligkeit

Gundel Mattenklotts Buch “Literarische Geselligkeit. Schreiben in der Schule” ist ein Schlüsselwerk des Fachgebiets und ordnet den kreativ-spielerischen Umgang mit Sprache und Schrift u.a. historisch ein.

Fußend auf der Tradition der mittelalterlichen Minnehöfe, gibt es bereits in den höfischen Gesellschaften der frühen Neuzeit eine lebhafte Gesprächsspielkultur mit Reihum-Geschichten, Frage- und Antwortspielen und literarischen Streitgesprächen, die in erster Linie dem angenehmen Zeitvertreib dienen. In der Romantik werden die Gesprächsspiele dann zu Schreibspielen weiterentwickelt, und der Reihum-Roman erfreut sich großer Beliebtheit (Mattenklott 1979, S. 10). Der spielerische Umgang mit Sprache ist dabei keineswegs auf Europa beschränkt, Mattenklott nennt die Tradition des japanischen Haiku als die bekannteste außereuropäische Wortspielkultur (ebd., S. 8).

Über Jahrhunderte bleibt das Spiel mit der Sprache zwar ein Spiel unter Privilegierten, aber ein Spiel auf Augenhöhe, bei dem die Rollen flexibel sind. Erst die bürgerliche Gesellschaft trennt den “begabten Dichter vom unbegabten Leser” (ebd., S. 7) und erklärt die Fähigkeit zum literarischen Schreiben zur ausschließlichen Angelegenheit des begnadeten Genies.

Im 19. Jahrhundert entstehen Literaturvereine und auch reine Dichtervereine. Mattenklott bezeichnet das Biedermeier (1815 -1848) als “Blüte des Dilettantismus” (ebd., S. 11), was seine hohe Wertschätzung zu Anfang des 20. Jahrhunderts im Kontext reformpädagogischer Bestrebungen erkläre (ebd. S. 235). Das klingt auf den ersten Blick widersprüchlich, denn die Epoche des Biedermeier (1815 bis 1848) ironisiert ja schon im Wort selbst eine spießige bürgerliche Selbstgenügsamkeit. Aber es ist doch die erste Epoche, in der nicht nur Adelige, sondern auch Bürger Zeit und Muße haben, sich der Kultur zu widmen, sofern sie unpolitisch auftreten. Die Biedermänner und -frauen organisieren sich in “Dilettantenvereinen”, musizieren und singen, tanzen, dichten, erzählen Geschichten und spielen Theater. Im Wortsinn ist ein Dilettant (italienisch: dilettare “sich erfreuen”) jemand, der sich einer Sache, für die er keine Fachausbildung hat, aus reinem Vergnügen widmet,– im Gegensatz also zum Professionellen, der damit seinen Lebensunterhalt bestreiten muss. Ein Dilettant hat die Muße, die Mittel und den Geist, sich um seine Innen- und seine Außenwelt zu kümmern, Spielräume zu nutzen, etwas auszuprobieren, sich einem Thema zuzuwenden. Damit passt das Biedermeier, zu dem auch die Epoche des Vormärz mit ihren mutigen und wortgewaltigen Protagonisten für eine freie Gesellschaft gehört, dann doch zum Ideal der ganzheitlichen Erziehungskonzepte, nach denen die Reformbewegungen zu Beginn des 20. Jahrhunderts suchen. In den exemplarischen Projektdarstellungen am Ende ihres Buches weist Mattenklott ausdrücklich auf diesen ganzheitlichen Aspekt hin und darauf, dass Schreibprojekte nicht auf das Medium Schrift beschränkt sein müssen: "Literarische Produktivität kann und darf sich nie abgrenzen gegen alle anderen Bereiche sozialer und ästhetischer Phantasietätigkeit" (ebd., S. 226).

Für eine moderne Form literarischer Geselligkeit steht die internationale Autorengruppe Oulipo (L'Ouvroir de la Littérature Potentielle), gegründet 1960. Mit zahlreichen Regeln werden in der „Werkstatt für potenzielle Literatur" Möglichkeiten durchgespielt, die zu einer Spracherweiterung durch formale Zwänge führen und auch für das Kreative Schreiben Anregungen bieten (Mischon; Schulte-Steinicke & Werder v. 1992, S. 311 ff.). Ein bildliches Verfahren der Oulipo ist die Tauschgrafik: „Grafiken machen die verschiedenen Möglichkeiten anschaulich, wie die erzählerischen Elemente eines Gedichts oder eines kurzen Prosastextes miteinander vertauscht werden können zu immer neuen Geschichten" (ebd., S. 319).

3.2 Abwendung von der Genieästhetik

Von der Regelpoetik der Aufklärung führt eine direkte Gegenbewegung zur Genieästhetik des Sturm und Drang (1767 bis 1785), die bis in die Gegenwart nachklingt. Ohne unterschiedliche Talente im Umgang mit Sprache zu leugnen und ohne die Produktion von Literatur zu ihrem Thema zu machen, geht die Schreibpädagogik davon aus, dass Schreiben in allen Spielarten lehr- und lernbar ist. Sie hält es hier mit Theodor Fontane (1819 - 1898):

Gaben, wer hätte sie nicht?
Talente - Spielzeug für Kinder.
Erst der Ernst macht den Mann,
Erst der Fleiß das Genie.

3.3 Methoden des Kreativen Schreibens

Die klassischen Methoden des Kreativen Schreibens sind das Cluster, die Mind-Map und das Automatische Schreiben oder Free-Writing (vgl. Mischon 2010, S. 30). Damit nutzen zwei grundlegende Methoden die Verknüpfung von linker und rechter Gehirnhälfte, von Wort und Bild: das Clustering-Verfahren, das Gabriele L. Rico 1984 entwickelte, und das Mind-Mapping nach Tony Buzan, dessen Mind-Map-Buch 1997 erschien.

Ingrid Böttcher differenziert die Methoden weiter aus in assoziative Verfahren; Schreibspiele; Schreiben nach Vorgaben, Regeln und Mustern; Schreiben nach literarischen Texten (Imitation und Variation); Schreiben zu Stimuli und Weiterschreiben an kreativen Texten. Bei der letzten Methode unterscheidet sie noch zwischen einem kreativen und einem kriterienorientierten Verfahren (Böttcher 1999).

Heidrun Martini ergänzt diese Böttchers Methodenliste um den Punkt "Autobiografisches Schreiben" (Martini 2004, S. 270 ff.)

Wenn man so weit differenziert, könnte man m.E. darüber nachdenken, noch zwei weitere Methoden zu ergänzen: das kollaborative Schreiben (z. B. Reihum-Roman, z. B. Wikis) und Schreiben zur Transformation (in andere Medien, z. B. Hörspiel, Drama, Film).

Die Methoden des Kreativen Schreibens haben sich in den vergangenen Jahrzehnten in verschiedenen schulischen und beruflichen Kontexten als Starttechnik etabliert, weil sie dazu führen, dass sich alle Gruppenmitglieder einbringen können und beim Lesen ihrer Texte zu Wort kommen. Darüber hinaus betonen diese Techniken auf angenehme Art und Weise sowohl das Eingebunden- und Aufgehobensein in der Gruppe als auch die eigene Individualität, denn kein Schreibimpuls führt zu ein und demselben Text. Daher wird das Kreative Schreiben auch als Mittel der sozialen Begegnung eingesetzt (vgl. Mischon 2010, S. 29).

3.4 Kreatives Schreiben in der Schule

Der Anstoß zum Kreativen Schreiben ist "didaktischen Ursprungs" (Bothe 1998, S. 1372), und wesentliche Konzepte sind daher im Kontext des Schulunterrichts entwickelt und erprobt worden. Da die Schrift – im Gegensatz zu den AV-Medien,– mit dem Schulfach Deutsch eine Heimat in der Schule hat und Lehrer üblicherweise viel Freude an der Textarbeit haben, gibt es inzwischen für alle Schulformen Unterrichtsmaterialien zum Kreativen Schreiben, die sauber didaktisch eingeordnet und theoretisch begründet sind. Gängig ist das Kreative Schreiben vor allem in der Grundschule, weil es sich als ideal erwiesen hat, um die Lust am

Schreiben ohne Angst vor Fehlern zu entdecken und in diesen Jahrgängen in vielen Bundesländern noch auf Zensuren verzichtet wird. In den weiterführenden Schulen ergibt sich das Problem, dass eine Zensurenvergabe erforderlich ist, was dem Charakter des Kreativen Schreibens im Grunde zuwiderläuft[4].

Ein weiterer schulischer Schwerpunkt des Kreativen Schreibens ist der Einsatz im Literaturunterricht. Hier steht, ebenso wie in den Schreibwerkstätten, nicht das Nachahmen von Mustern im Vordergrund, "sondern das Kennenlernen des in der Literaturgeschichte bereits entwickelten und angehäuften 'Schreibwerkzeugs'. Solche Verfahren werden als zu erprobende Spielregeln für eigene Schreib-Experimente übernommen und (...) entsprechend dem eigenen Ausdrucksbedürfnis in das Schreibrepertoire integriert" (ebd., S. 1377).

Ingo Scheller, der bis zur Emeritierung 2003 Professor für Ästhetik und Kommunikation in Oldenburg war, hat das Kreative Schreiben als Methode der "Szenischen Interpretation" in den Literaturunterricht integriert. Hier steht das Kreative Schreiben im Kontext von Schauspiel und bildlichem und musischem Gestalten (Scheller 2004).

Als fächerübergreifende Lernmethode hat sich das Kreative Schreiben an der Schule allerdings noch nicht durchgesetzt.

3.5 Prozessorientierung

Zur Praxis des Kreativen Schreibens gehört nicht nur das Schreiben selbst, sondern gleichrangig der Vortrag eigener Texte und das Geben und Nehmen von Feedback in der Gruppe nach vereinbarten Regeln (vgl. Antons 1987, S. 98 ff.; Fengler 1998). Das Feedback ist darauf angelegt, von der Lob-und-Tadel-Kultur wegzuführen hin zu einer weniger hierarchischen Feedback-Kultur: Da jeder schreibt, jeder vorliest, jeder Feedback bekommt und auch geben muss, lernt man in der Gruppe auf Augenhöhe voneinander und trainiert den Umgang mit Kritik an der Sache.

Ein gelungenes Feedback dient den Schreibenden als Reflexionshilfe, es ermutigt und motiviert, erweitert die Selbstwahrnehmung und hilft, zielgerichtet an sich zu arbeiten, weil es Einsicht in die eigenen Stärken und Schwächen gibt.

---

[4] Die im Studiengang "Biografisches und Kreatives Schreiben" an der Alice-Salomon-Hochschule praktizierte Lösung, nicht die Texte selbst, sondern von den Studenten selbst zusammengestellte Textmappen mit Reflexionstexten zur Grundlage der Bewertung zu machen, halte ich hier für eine gute Lösung. Ich habe das im Rahmen meines Lehrauftrags an der Fachhochschule Münster ebenso gehandhabt und war aus beiden Perspektiven – der der Studentin und der der Dozentin – damit sehr zufrieden.

Kreativ ist auch im Gegensatz zu normativ zu verstehen, denn es kommt beim Kreativen Schreiben nicht in erster Linie darauf an, im schulischen Sinne alles richtig zu machen, sondern darauf, sich auf seine eigene Art und Weise auf Impulse einzulassen, sich mit Hilfe der Sprache selbst zu entdecken und zu entfalten – sowohl individuell als auch sozial. Der Prozess setzt dabei allein durch die Übung eine Aufwärtsspirale in Gang: Durch den zwanglosen Umgang mit der Schriftsprache verfeinert sich die Ausdrucksfähigkeit, und das Präsentieren und Kommentieren in der Gruppe steigert das Niveau an Reflexion, Selbstreflexion und Empathie. Die Texte, die so entstehen, dokumentieren diesen Prozess. Manche davon sind gut, andere weniger gut. Aber das ist zweitrangig, denn die Texte sind nicht das Ziel der gemeinsamen Arbeit, sondern es ist der Prozess. "Kreative Schreibprodukte sind Texte für den Selbstverständigungsprozess von wirklich lebenden Menschen" (Mischon 2012, S. 50). Insofern ist das Kreative Schreiben immer auch auf reale Begegnung angelegt, und eine vollständige Verlagerung der Gruppenarbeit ins Internet ist nicht denkbar.

3.6 Creative Writing

In Amerika hat das Creative Writing bereits eine längere Tradition. Dort gilt Schreiben als Handwerk, und es gibt schon seit Beginn des 20. Jahrhunderts Schreibseminare an Colleges und Universitäten. "Versucht man – in aller Kürze – die Entwicklung des Creative Writing in den USA nachzuzeichnen, dann sollte man wahrscheinlich mit Dearn Le Baron Russel Briggs in Harvard beginnen, der in den 10-er Jahren des 20. Jahrhunderts Kurse mit täglich wechselnden Schreibthemen einführte, in denen 800-Wörter-Texte der Teilnehmer geschrieben und besprochen wurden" (Görlitz 2005, S. 78).

In den USA steht das Creative Writing von Beginn an sehr konkret in Bezug zu den Anforderungen des beruflichen Schreibens, und seine Methoden haben sich in bereits vorhandenen curricularen Strukturen disziplinspezifisch entwickelt (vgl. Bräuer 2005, S. 126). In den USA werden fünf Formen des Schreibtrainings unterschieden:

- Composition (Einführungsfach für Studienanfänger)
- Writing in the Disciplines (berufsfeldbezogenes Schreiben)
- Writing across the Curriculum (Kreatives Schreiben als moderne Lernmethode in den Wissenschaften, vgl. Werder v. 1992, S. 9)
- Creative Writing (Studium für professionelles literarisches Schreiben)
- poetry therapy (therapeutisches und selbstherapeutisches Schreiben)

Die Absolventen des amerikanischen Studiengangs Creative Writing werden klassischerweise Schriftsteller, aber unter ihnen finden sich auch Redakteure und Kulturarbeiter, literarische Sozialpädagogen und Anleiter von kreativen Schreibgruppen (vgl. Werder v. 1992, S. 188).

3.7 Der integrative Ansatz von Lutz von Werder

Der Autor und Philosoph Lutz von Werder ist einer der großen Vordenker des Fachgebiets Kreatives Schreiben. Er hat konzeptionelle Überlegungen beigesteuert, interessante Lehrbücher verfasst und 1991 aus den verschiedenen Positionen und Ansätzen auf dem Gebiet des Kreativen Schreibens den "Integrativen Ansatz" entwickelt. Dieser Ansatz sieht das Kreative Schreiben zum einen als Bereicherung für den Einzelnen, weil es dessen Ausdrucksmöglichkeiten und Kommunikationsformen entfaltet und neue Formen der Selbsterkenntnis mit sich bringt. Über diesen individuellen Fortschritt hinaus, gibt es aber auch eine gesellschaftliche Komponente, nämlich die "produktive Auseinandersetzung mit den literarischen Schreibtraditionen und Schreibtechniken", die auf eine Weiterentwicklung der Tradition des literarischen Experiments zielt. Das Kreative Schreiben integriert demnach Selbsterfahrung auf der einen und Sprachexperiment auf der anderen Seite (vgl. Werder v. 1991, S.56) und speist sich aus drei Quellen: dem Spiel, mit der Gruppe als Ressource, dem Stil, mit Phantasie und Bildung als Ressource und der Selbsttherapie, mit Empfindungen und Erfahrungen als Ressource.

Da dem autobiografischen Schreiben ein besonderes Gewicht zufällt und das Aufdecken biografischer Wahrheiten "tiefergehende Lernprozesse" (Werder v. 1991, S. 59) befördern kann, hat von Werder auch einen systematischen Ansatz zum autobiografischen Schreiben entwickelt und 2009 unter dem Titel "Die Welt romantisieren. Wie schreibe ich meine persönliche Mythologie?" veröffentlicht. Während die Schreibwerkstätten aufgrund der Fülle von unkomplizierten, attraktiven und in Gruppenkontexten bewährten Schreibspielen gelegentlich zu "Schreibaction" neigen, bei der die Reflexion an der Oberfläche bleibt, favorisiert von Werder einen eher unbequemen, fordernden, systematischen Weg, der für die Weiterentwicklung des eigenen Schreibstils und die Persönlichkeitsentwicklung allerdings ungleich effektiver ist. Das beschreibt er in Bezug auf die "persönliche Mythologie" mit folgenden Worten: „Wir entdecken damit die tiefste Schicht des autobiografischen Schreibens, die Schicht, wo unser Selbst im Prozess der Bildung der Individualität sich im Laufe des Lebens selber bildet, entwickelt und erhält“ (Werder v. 2009, Umschlag S. 4).

3.8 Kreatives Schreiben als Lehr- und Lernmethode

Wenn in Bezug auf den Lernstoff nur Texte auf der rein sachlichen Ebene eingefordert und geschrieben werden, gehen "die meisten Lernmöglichkeiten, die im Schreiben liegen, verloren" (Werder v. 1992, S. 171).

Nicht nur im Kontext des Kreativen Schreibens wird heute davon ausgegangen, dass die Entwicklung der Schreibfähigkeit konstitutiv für die Entwicklung der Denkfähigkeit ist – für ein vertieftes Verständnis von Texten, für die Analyse und Einordnung von Eindrücken aller Art und für die "kreative Selbstaktualisierung" (Blöchl & Mischon 1991, S. 15) Das hängt auch damit zusammen, "dass die Schriftsprache abstrakter ist als die mündliche Sprache und so die Phantasie und die Begriffsbildung besonders herausfordert" (Charlton 2010, S. 3). Daher ist es sinnvoll, die Herangehensweise an den Lernstoff mit Schreibmethoden zu ergänzen, die expressive und poetische Zugänge erlauben und den Lernenden auch Schreibzeit auch für reflexive Texte in der gemeinsam verbrachten Zeit als Gruppe einräumen. Die Lernergebnisse verbessern sich dadurch so überraschend deutlich, dass in den USA schon Anfang der 1980er-Jahre die Konsequenz daraus gezogen wird und an vielen Hochschulen Schreibzentren zum "Kreativen Schreiben in den Wissenschaften" gegründet wurden (Werder v. 1992, S. 172).

Hierzulande gibt es inzwischen auch Schreibzentren an Universitäten, die sich um das wissenschaftliche Schreiben kümmern und dabei mit Methoden des Kreativen Schreibens arbeiten. Eine dazu passende innovative Seminarstruktur, die „Autonomen Schreibgruppen", hat Katrin Girgensohn an der Europa-Universität Viadrina in Frankfurt (Oder) entwickelt und erprobt (Girgensohn 2007).

3.9 Zur Rolle der Bilder im Kreativen Schreiben

Es gehört seit Gabriele L. Ricos Entwicklung der Cluster-Methode, veröffentlicht 1983, zu den Grundkenntnissen des Kreativen Schreibens, dass es förderlich ist, beide Gehirnhälften in den Schaffensprozess zu involvieren – also mit Bild und Text gleichermaßen zu arbeiten.

Daher gibt es zahlreiche Schreibimpulse, deren Ausgangspunkte Fotografien, Pressebilder, Karikaturen, Skulpturen, Grafiken oder Gemälde sind. Die Nähe von Text und Bild liegt nahe, da sie kulturell verankert ist und auch das Gedächtnis mit Wort-Bild-Kombinationen arbeitet (vgl. Wiedemann 2012, S. 105). Zudem gibt es im Alltag zahlreiche Medien, die Texte und Bilder kombinieren, wie Bilderbücher, Comics, Grafic Novels, Infografiken,

Fotobücher und Fotogeschichten, Zeitschriften, Magazine oder auch Plakate. Auch in Arbeitsjournalen, Textmappen und Blogs von Schreibenden zeigt sich das Bedürfnis, Bilder zu Texten zu stellen und Bilder in Texte zu integrieren.

Dennoch beschränken sich die Texte, die in Schreibwerkstätten entstehen, im Regelfall eher auf Wortbilder und Illustrationen, beispielsweise auf Fotos, die Texten hinterlegt werden oder auf ein grafisches Layout. Eine Umsetzung in Medien wie Hörbuch, dramatische Szene, Gemälde oder auch eine inhaltliche Verzahnung von Bild und Text sind eher die Ausnahme, was nicht so bleiben muss. Bereits Johann Wolfgang von Goethe (1749 - 1832), der sich auf dem Gebiet der Malerei als Dilettant einschätzte, kannte und nutzte den Effekt, sich vom Malen zum Schreiben stimulieren zu lassen und wird in dem Buch „Kreative Literaturgeschichte" mit dem schönen Satz zitiert: „Zu jener Zeit aber ging bei mir das Dichten und Bilden unaufhaltsam miteinander" (Mischon; Schulte-Steinicke & Werder v. 1992, S. 144).

3.10 Zusammenfassung

Das Kreative Schreiben ist in den 1970er-Jahren im Deutschunterricht entwickelt worden. Es ist gleichermaßen gemeinschaftsstiftend und schöpferisch, zielt auf Emanzipation im Umgang mit Sprache, Mut zum Selbstausdruck und die Förderung von kommunikativen Kompetenzen. Gleichzeitig stößt es selbstreflexive und selbsttherapeutische Prozesse an. Das Kreative Schreiben wird in Deutschland seit Jahrzehnten auch in Schreibzentren an Universitäten angeboten und außerhalb von Schule und Unterricht in zahlreichen unterschiedlichen Zusammenhängen in Schreibwerkstätten.

Im Gegensatz zu den USA wird es hierzulande nicht primär als Trainingsmethode für professionelles Schreiben verstanden, sondern eher im Sinne des biedermeierschen Dilettantismusbegriffs als Spiel und Passion, die auf eine ganzheitliche Förderung der Persönlichkeit zielen. Diese Abgrenzung ist fließend, denn gemeinsam ist dem deutschen und dem amerikanischen Ansatz die Grundannahme, dass Schreiben ein lehr- und lernbares Handwerk ist.

Synergieeffekte mit anderen Kulturtechniken (Bild, Ton) sind in der Fachdiskussion bislang nicht zentral.

4 Gemeinsame historische Entwicklungslinien

Die beiden großen pädagogischen Reformbewegungen des 20. Jahrhunderts in Deutschland sind die Epoche der Reformpädagogik (1900-1932), zu der auch die Kunsterziehungsbewegung gehört, und die Bildungsreform der 1970er-Jahre.

Beide sind für das Thema der Arbeit von Relevanz, weil sie auf eine ganzheitliche Erziehung setzen, zu der Selbstständigkeit und Selbsttätigkeit auch in Bezug auf das Schreiben von Prosa und Lyrik und verschiedene Techniken der Bildproduktion gehören. Beide Reformen zielen auf auch auf die Ermutigung, Stärkung und Motivation von Kindern und Jugendlichen in Bezug auf das Lernen.

Die Reformpädagogik will einen Unterricht vom Kinde aus konzipieren; die Bildungsreform fordert, die Kinder dort abzuholen, wo sie stehen.

4.1 Reformpädagogik und Kunsterziehungsbewegung

Die Reformpädagogik ist eine Reaktion auf Missstände in der schulischen Bildung ("Buch- und Paukschulen") und auf die politischen und sozialen Folgen der Industrialisierung, denn die harten und gesundheitsbeeinträchtigenden Arbeitsbedingungen in den Fabriken reduzieren den Menschen auf ein Wesen, das monotone Handgriffe verrichtet. Dieser Entfremdung setzen die Reformbewegungen zu Beginn des 20. Jahrhunderts das Ideal der ganzheitlichen Bildung mit "Kopf, Herz und Hand" im Sinne des Schweizer Pädagogen Heinrich Pestalozzi (1746-1827) entgegen. Die Ideen und Methoden der Reformpädagogik werden europaweit debattiert.

In den reformpädagogischen Arbeitsschulen sollen Kinder fragen dürfen und nicht mehr nur auswendig lernen müssen und abgefragt werden. Kindliche Neugier, Lernlust und Betätigungsdrang sollen für Bildungsprozesse genutzt werden (vgl. Mattenklott 1979, S. 34). Neue schulische Formen wie Arbeitsgemeinschaften entstehen, und auf dem Stundenplan gibt es nun erstmals Fächer wie Werken, Gymnastik, Sprachgestaltung und Kunsterziehung. Schülermitverwaltungen werden eingerichtet, die auf eine demokratische Lebensform vorbereiten sollen.

Der neue Erziehungsstil wird u.a. auf drei Kunsterziehungstagen diskutiert: 1901 in Dresden mit dem Schwerpunkt Kunst, 1903 in Weimar mit dem Schwerpunkt Literatur und 1905 in Hamburg mit den Schwerpunkten Musik und Leibeserziehung. Die Debatte von 1903 klingt ausgesprochen aktuell, weil auch damals schon darüber diskutiert wurde, ob Regeln, z. B. in Bezug auf Dichtung (Regelpoetik), die Kreativität eher bremsen oder befördern. Der Reformpädagoge Heinrich Wolgast[5] sprach sich gegen eine Vorgabe von Formen und Regeln aus: "Wenn es uns gelingt, die Schüler in die Lage zu bringen, dass sie aus eigenem Antriebe etwas aufs Papier bringen, was sie selbst erfahren haben und darum anderen mitteilen möchten, dann, glaube ich, haben wir den Standpunkt gewonnen, der allein richtig ist für die Erziehung zur künstlerischen Ausdrucksfähigkeit" (zitiert nach Mattenklott 1979, S. 35).

Die neue Kunsterziehung führt zu mehr Aufmerksamkeit gegenüber den künstlerischen Produkten von Kindern und Jugendlichen. Lehrer veröffentlichen Lyrik und Prosa von Schülern, Preisausschreiben in Zeitungen bieten Schreibanlässe und sorgen für eine wertschätzende Wahrnehmung (vgl. ebd., S. 34). In der Hamburger Kunsthalle, deren Leiter Alfred Lichtwark die "ästhetische Genussfähigkeit" der Kinder ausbauen will, werden Kinderzeichnungen ausgestellt. Der ehemalige Lehrer Lichtwark, ein Vertreter der Reform des Zeichen- und Werkunterrichts, definiert die Kunsthalle als "Volksbildungsstätte" (vgl. Kunsterziehungsbewegung, aufgerufen am 24.07.2012 unter www.wikipedia.de).

Eine wertschätzende Wahrnehmung wird bereits damals als elementar für die Motivation zur Kommunikation bewertet. "So haben wir zunächst dem schreibenden und sprechenden Schüler das, was jedem Menschen zukommt, wiederzugeben: Sein Publikum", heißt es in dem Buch "Poesie in Not" von 1913 (zitiert nach Mattenklott 1979, S. 37). Jede Übung ohne Motivation durch Kommunikationszusammenhänge wird als nicht kindgerecht beurteilt. Auch schulische Normen werden dabei zumindest zu Beginn des Schreibunterrichts infrage gestellt. Zur Korrektur und Einordnung der freien Texte wird auf das gesetzt, was heute Peer-Feedback genannt wird: "Schreibt ein Kind zusammenhanglos und unverständlich, braucht der Lehrer nicht Ströme roter Tinte fließen zu lassen: die wirkungsvollste Kritik kommt von den Klassenkameraden selbst (alle Texte sollen vorgelesen werden)" (ebd., S. 36). Dennoch wird ein Mangel an Bildung, ein "Halbwissen", als einhergehend mit dem Mangel an schöpferischer Leistungsfähigkeit gesehen, beispielsweise bei Julius Langbehn, einem exponierten Kulturkritiker und Autor des von Zeitgenossen viel beachteten Buches "Rembrandt als Erzieher" von 1890. Langbehn fordert die Rückkehr zu einer "schlichten, volkstümlichen und vor allem national ausgerichteten Bildung", was die Kunsterziehungsbewegung trotz aller pädagogischen Weitsicht und Leistung diskreditiert und ihr den Vorwurf einträgt, dem

[5] Heinrich Wolgast gründete 1893 die Zeitschrift "Jugendschriften-Warte", die bis heute unter dem Namen "kjl&m Forschung.Schule.Bibliothek" (zwischenzeitlich: "Beiträge Jugendliteratur und Medien") erscheint. Es ist laut Selbstdarstellung die älteste Fachzeitschrift zu Fragen der Kinder- und Jugendliteratur und ihrer Didaktik. Heute wird sie von der Arbeitsgemeinschaft Jugendliteratur und Medien (AJuM) der Gewerkschaft für Erziehung und Wissenschaft (GEW) herausgegeben.

aufkommenden Nationalsozialismus zugearbeitet zu haben (vgl. Kunsterziehungsbewegung, aufgerufen am 24.07.2012 unter www.wikipedia.de).

In Frankreich ist der Sozialist Célestin Freinet einer der exponierten Vertreter der Reformpädagogik. Er gründet 1924 die Bewegung "Cooperative de l'enseignement laic", in der Lehrer gemeinsam Materialien für den Unterricht entwickeln, die Schülern ein eigenständiges Lernen ermöglichen sollen – unabhängig von der Anwesenheit der Pädagogen. Was ihn bis heute gleichermaßen attraktiv für die Medienpädagogik und das Kreative Schreiben macht, ist die Druckerei, die in der Freinet-Pädagogik eine zentrale Bedeutung hat: Hier setzen Kinder ihre eigenen Texte und drucken sie, was nicht nur die Wahrnehmung und den Umgang mit der Sprache schult, handwerkliches Geschick fördert und ästhetisch ansprechende, reproduzierbare Ergebnisse mit sich bringt. Der freie Text hat weitere Funktionen: eine poesietherapeutische, weil er Selbstanalyse und Reflexion entwickelt, und eine politische, weil er lehrt, die Realität sensibel wahrzunehmen und die eigenen Erfahrungen im Abgleich mit den Erfahrungen anderer einzuordnen.

Mit der Machtergreifung der Nationalsozialisten endet die Phase der Reformpädagogik in Deutschland. Ihre Ideen und Methoden gewinnen erst in der Studentenbewegung 1968 wieder an Gewicht und bestimmen die Bildungsreform der 1970er-Jahre in der Bonner Republik entscheidend mit.

4.2 Die Bildungsreform der 1970er-Jahre

Angestoßen durch den sogenannten Sputnik-Schock[6] und die Erkenntnis, dass die Aufarbeitung des Nationalsozialismus bisher nur oberflächlich geschehen ist, rückt in den 1960er-Jahren das Bildungswesen der Bonner Republik in den Fokus der Zeitkritik.

Das Frankfurter Institut für Sozialforschung hat bereits 1950 mit seinen "Studien zum autoritären Charakter" unter der Leitung von Theodor W. Adorno die Bedeutung der frühkindlichen Erziehung für die Persönlichkeitsentwicklung belegt, und Rudi Dutschke interpretiert diese Ergebnisse 1968 so: Der Faschismus wurzelt in der autoritären Persönlichkeit und diese geht auf die Erziehung zurück (vgl. Dutschke 1968, S. 68). Folglich gehören sämtliche Erziehungskonzepte auf den Prüfstand – von der frühkindlichen Erziehung bis zur universitären Lehre.

---

[6] Im Oktober 1957 schoss die Sowjetunion den ersten künstlichen Erdsatelliten Sputnik 1 ins All und beflügelte damit in den westlichen Ländern eine breite gesellschaftspolitische Debatte über eine möglicherweise unzureichende Konkurrenzfähigkeit ihrer Bildungssysteme. In Deutschland studierten damals nur 8% eines Jahrgangs, und die Mehrzahl der Arbeitnehmer hatte lediglich acht Jahre lang die Volksschule besucht.

Die 1970er-Jahre werden die Zeit der Emanzipation und Selbstermächtigung. Joseph Beuys erweitert das Verständnis von Kunst, indem er jeden Menschen zum Künstler erklärt, der sich selbst und die Gesellschaft zum Wohle aller als "soziale Plastik" mitgestalte. Kreative Gruppen und Selbsthilfegruppen boomen. Die Dekonstruktion der einengenden Verhältnisse geschieht mit allen künstlerischen Mitteln wie Happening, Malerei, Tanz, Musik, Theater, Foto, Film, vor allem aber mit Hilfe von Sprache und Schrift.

> Die Erziehung von 1968 hat den Akzent auf die kindliche Freiheit gelegt und den von Erwachsenen ausgehenden Zwang kritisch reflektiert. Insbesondere aber hat die antiautoritäre Erziehungsbewegung ein öffentliches Nachdenken über Erziehung befördert. Seine besondere Dynamik verdankte es dabei dem Zusammenspiel von Protestbewegung und Bildungsreformen der 60er und 70er Jahre (Baader 2008, S. 21).

Eine besondere Herausforderung ist die Veränderung der Erziehungspraxis. In diesem Kontext werden die Ideen der Reformpädagogik neu entdeckt auch Veröffentlichungen aus der Zeit der Weimarer Republik wieder aufgelegt, wie "Sisyphos oder die Grenzen der Erziehung" von Siegfried Bernfeld aus dem Jahre 1925 (vgl. ebd, S. 31). Die kulturell verankerte Zweitrangigkeit der Frauen, der bildungsfernen Schichten und der sogenannten Randgruppen (Ausländer, Behinderte, Senioren etc) wird rational aufgekündigt, und Beziehungen auf Augenhöhe werden zum Normalfall erklärt. Das betrifft auch die bislang selbstverständliche Unterordnung von Kindern unter die Erwachsenen.

Das kühne Ziel der antiautoritären Erziehungsbewegung der 1970er-Jahre ist es, das Heranwachsen von Kindern zu selbstbestimmten, solidarischen und emanzipierten Persönlichkeiten zu ermöglichen – in einem Klima, in dem es an den Schulen gerade erst verboten wird, Kinder zu schlagen (1973) und das nach wie vor vom Zwang zur Konformität, von Tugenden wie Disziplin, Ordnung, Sauberkeit, Pünktlichkeit und Leistungsprinzipien geprägt ist. Die Kinder sollen eine bessere Welt erfahren und erfinden und sich nicht mehr in vorgegebene Muster und Schicksale fügen müssen. Die kritische Elterngeneration erkennt ihre tiefen Verletzungen und Deformierungen, die ihr die Bildungsinstitutionen der Nachkriegszeit, gesellschaftliche Zwänge und die eigenen kriegstraumatisierten Eltern zugefügt haben. Deren Traumatisierungen erkennt sie allerdings noch nicht (vgl. Lorenz 2003, 2010).

Die Medienpädagogik gewinnt im Zuge der breiten gesellschaftlichen Kritik am traditionellen Bildungssystem an Profil, das auf den zunehmenden Einfluss der Massenmedien, deren Rolle als Meinungsmacher und Sozialisationsinstanzen, kaum reagiert. Eine kritische Distanz zu den Massenmedien wird zwar von vielen Lehrkräften geteilt, das führt aber oft nur dazu, dass

Medien im Unterricht nicht thematisiert werden. Schule und Freizeit driften auseinander. Die Bedeutung der Medien für den Alltag, ihre offenen und heimlichen Botschaften sind nur in Ausnahmefällen Gegenstand des Deutsch- oder Kunstunterrichts. Die kindliche Hinwendung zu Comics und Zeitschriften wird ebenso ignoriert wie der zunehmende Fernsehkonsum und die emotionale Bindung an Serienhelden. Die Massenmedien – allen voran das noch ausschließlich öffentlich-rechtliche Fernsehen und die Zeitungen aus dem Axel-Springer-Verlag – sind zur 4. Staatsgewalt herangewachsen.

> Das Dispositiv Fernsehen als Wahrnehmung prägende Instanz wurde allgemein und begann – auf eine zunächst unmerkliche Weise – auch die Vorstellungen der Menschen zu verändern. Das Medium wuchs damit strukturell in eine Rolle der Synchronisation von gesellschaftlichen Erfordernissen und individuellem Verhalten hinein, es trug zur Konsumorientierung und zu Verhaltensanpassungen bei (Hickethier 1998, S. 198).

Gegen diese Entwicklung sind die Bemühungen der Medienpädagogik gerichtet. Unter den ersten Medienpädagogen sind auch etliche Lehrer, die den herkömmlichen Unterricht für reformbedürftig halten. Vor allem die Kunsterzieher streiten über den angemessenen Umgang mit Medien.

> In der von der Gesellschaft unterhaltenen, auf die Gesellschaft bezogenen Institution Schule, muss in einem Fach, das auf visuelle Phänomene bezogen ist, heute der Gesamtbereich visueller Kommunikation in seinen relevanten Ausprägungen Gegenstand von Unterricht sein, der nicht auf ein Leben für eine Kultur, sondern auf ein Leben in einer Kultur und auf die Bereitschaft zu deren Veränderung vorbereitet (Möller 1970, Umschlag S. 4).

In der außerschulischen Jugendarbeit steht man den Massenmedien und der “Bewußtseinsindustrie” (Hans-Magnus Enzensberger, nach Baacke 1973, S. 9) im Regelfall ebenso kritisch gegenüber, hat aber gleichzeitig den Anspruch, die Kinder und Jugendlichen dort abzuholen, wo sie stehen – um es mit einer Parole der Sozialarbeit der 1970er-Jahre zu sagen. Dazu gehört, deren Erfahrungswelt zu kennen und ernst zu nehmen, selbst wenn dubiose Medien zu ihr gehören.

Das Kreative Schreiben hat einen weniger explizit medienkritischen Ansatz. Es kümmert sich nicht um schlechte Literatur und ihre möglicherweise abträglichen Wirkungen, sondern konzentriert sich auf die Bereicherung und Kreativitätsförderung durch neue Schreibtechniken. Dennoch ist die Schreibbewegung nicht unpolitisch. Es ist eine Provokation, die Schriftsprache als ein Medium für alle zu definieren und sich dabei nicht um den Geniekult und schulische Normen zu scheren. Das Kreative Schreiben läuft den Machtansprüchen, die mit der Beherrschung der Schriftsprache traditionell einhergehen, zuwider. Hinzu kommt, dass den Selbsterkenntnissen, die durch das Kreative Schreiben gewonnenen werden, auch Erkenntnisse über das soziale Umfeld und über die Gesellschaft innewohnen und die Texte eine Perspektive „von unten" einnehmen, also die Sichtweise derer beisteuern, die sonst nicht zu Wort kommen.

In aktuellen Erziehungsratgebern wird die antiautoritäre Erziehungsbewegung der 1970er Jahre gelegentlich auf ihre Regellosigkeit verkürzt und als ursächlich für soziale Verwahrlosung und Fehlentwicklungen gesehen. Da die Erziehenden in den 1970er-Jahren Neuland betreten und neben der Kindererziehung auch noch ihre eigene Verunsicherung und Weiterentwicklung bewältigen müssen, gibt es auch genügend Beispiele für ein gründliches Misslingen[7]. Dennoch sind die 1970er Jahre für die Entwicklung der Demokratie in der Bonner Republik eine prägende Epoche, weil gesellschaftliche Hierarchien und Kommunikationsstrukturen kritisch analysiert und Chancengleichheit und Emanzipation eingefordert werden. Sowohl die Medienpädagogik als auch das Kreative Schreiben leisten daran ihren Anteil.

4.2.1 Frühe Begegnungen

In den 1970er-Jahren wird kommunikatives Handeln im gesellschaftlichen Zusammenhang gesehen und dabei wird die politische Dimension betont. In Bezug auf die Fragestellung der Arbeit ergibt sich hier viel Gemeinsames und wenig Trennendes, denn die ganze Palette an künstlerischen Ausdrucksformen wird parallel genutzt. Ein Beispiel dafür ist der Artikel "Aktion: Politdesign" von Peter Müller-Egloff. Er skizziert die Aktion so, dass Tätigkeiten wie "Texte verfassen, filmen, fotografieren, malen, collagieren, Interviews machen" gleichberechtigt nebeneinander stehen (Müller-Egloff 1971, S. 71 ff.).

Die Zeitschrift *merz. medien + erziehung* fragt 1976 in die Runde bekannter Erziehungswissenschaftler *Medienpädagogik – was ist das*? Aus den Antworten geht hervor, dass der Medienbegriff weit gefasst wird und ästhetisches Lernen und Literatur ausdrücklich einbezogen werden. Ein Beispiel ist dafür die Antwort von Erich Wasem, der es für nötig hält, die Film-, Fernseh- oder Werbepädagogik nicht länger isoliert zu betrachten und auf die Vernachlässigung ganzer medialer Bereiche hinweist, wie etwa der Bilderbücher. Wasem fordert eine

[7] Vor allem der freie Umgang mit dem eigenen Körper, die Sexualerziehung, hat nicht nur befreiende, sondern tragische Folgen, wenn sich Pädagogen dadurch zu sexuellen Übergriffen ermutigt fühlen. In einem Untersuchungsbericht von 2010 werden für den Zeitraum von 1965 bis 1998 allein an der einst für ihren reformpädagogischen Ansatz berühmten Odenwaldschule 132 Schutzbefohlene als Opfer von sexuellen Übergriffen durch Lehrer festgestellt (Burgsmüller & Tilmann 2010).

Bildungspolitik die künstlerische Erkenntniswege gleichberechtigt neben die wissenschaftlichen stellt (vgl. Wasem 1976, S. 162 f.).

Auf "künstlerische Erkenntniswege" und die ganze Bandbreite an Möglichkeiten hinzuweisen, ist damals offenbar ähnlich aktuell wie heute. In dem Buch *Grammatik der Phantasie* aus dem Jahr 1973 wird „von einigen Möglichkeiten gesprochen, sich Geschichten für Kinder auszudenken und den Kindern zu helfen, sich ganz allein ihre eigenen Geschichten zu erfinden: wer aber weiß, wie viele andere Möglichkeiten sich noch finden und darstellen ließen. Abgehandelt wird lediglich die Erfindung mittels Worten, mit dem sachten, keineswegs gründlich erörterten Hinweis, daß die Techniken mit Leichtigkeit auf eine andere Ausdrucksform übertragbar sind, [...] sie kann auch Theater oder Textvorlage für ein Puppenspiel sein, sie kann als Comic, als Film entwickelt, auf Band aufgenommen und an Freunde geschickt werden [...]" (Rodari 1992, S. 8).

Dieser Ablauf konkreter Projekte in Medienprojekten und Schreibwerkstätten ist zum Teil sehr vergleichbar, und hier vermischen sich auch die Methoden. Gundel Mattenklott skizziert das für einen Schreibkurs an der Schule folgendermaßen: „Aufbau und Ablauf der Arbeitsphase im Kurs hängt vom Charakter des Projekts ab, das schließlich einer begrenzten Öffentlichkeit zugänglich gemacht werden soll (Schule, Elternschaft, Jugendgruppen o.ä.). Geplant werden kann, wie es naheliegt, ein Buch oder eine Zeitschrift, aber auch eine Lesung mit Diskussion, eine Ausstellung z. B. der im Kurs entstandenen Wandzeitungen und Bilder mit den dazugehörigen Texten, ein Fest als ästhetisches Abenteuer, Spielaktionen u.v.m." (Mattenklott 1979, S. 226). Sie beschreibt im Weiteren ein Buchprojekt und erwähnt ausdrücklich die Illustration mit Fotos und Zeichnungen. Vergleichbare Bücher entstehen auch in medienpädagogischen Projekten.

In der aktiven Medienarbeit der 1970er-Jahre wird vieles ausprobiert. Es werden mediendidaktische Modellprojekte entwickelt (vgl. Möller 1970; Baacke 1973; Berg et al. 1975), in denen ganz selbstverständlich auch geschrieben wird – aber meines Wissens nicht mit den Techniken des Kreativen Schreibens, obwohl diese bereits erfolgreich praktiziert werden. Die Medientechnik ist noch wertvoll, was die Projektarbeit entsprechend teuer macht. Die Filme, Trickfilme, Videos, Wandzeitungen und Fotogeschichten dieser Jahre zeugen von einem sparsamen Umgang mit Material und großem Ernst (vgl. Berg et al, 1975) – und wenig Sinn für Poesie und Expression. Der Inhalt steht vor der Form – es kommt ganz auf die Botschaft an.

Nach den multimedialen Ansätzen in den 1970er-Jahren entwickelt sich das Verfassen von Texten in der Methodendiskussion der Medienpädagogik zum blinden Fleck. Sie verliert den ganzen Bereich der Printmedien und auch das Schreiben selbst weitgehend aus den Augen, weil sie sich stets mit ganzer Kraft der neusten medientechnischen Entwicklung zuwendet.

Auch von Seiten des Kreativen Schreiben werden bald kaum noch Versuche unternommen, die Bildproduktion in die Textproduktion einzubinden.

Nur Professorin Bettina Hurrelmann, die sich mit dem Thema Lesesozialisation seit Anfang der 1970er-Jahre befasst und Herausgeberin der Buchreihe "Lesesozialisation und Medien" ist, weist seit 40 Jahren konsequent darauf hin, das sich der pädagogische Umgang mit Schrift- und Bildmedien sinnvoll ergänzt und mit Zusammenhang gesehen werden sollte.

5 Strukturelle Gemeinsamkeiten

Sowohl das Kreative Schreiben als auch die handlungsorientierte Medienpädagogik knüpfen an basale Bedürfnisse wie Kommunikation und Spiel an. Die Arbeitsform ist im Regelfall die prozessorientierte Projektarbeit, und ein gemeinsames Ziel ist die Förderung von Kreativität. Beide Disziplinen verstehen ihren Gegenstand als Querschnittsaufgabe von Bildung und Unterricht, da es um die Vermittlung von Kulturtechniken geht: um traditionelle Techniken wie Zuhören, Sprechen, Lesen und Schreiben, aber auch um die neuen, wie das Entschlüsseln und Gestalten von Bildern und Tönen sowie das Verstehen und Verknüpfen von Zeichen (Text, Ton und Bild) in nichtlinearen Strukturen (Hypertext).

5.1 Basis anthropologischer Voraussetzungen

Der Anthropologie zufolge ist der Mensch ein ultrasoziales, von Natur aus hilfsbereites Wesen mit hoher kommunikativer Kompetenz (vgl. Mechsner 2012, S. 135). Studien aus den Fachgebieten Biologie, Soziologie, Psychologie und Hirnforschung belegen unabhängig voneinander, dass Menschen von Natur aus gerne zusammenarbeiten, sich gerne gegenseitig helfen, gerne lernen und auch gerne lehren (ebd.). Kooperation und Hilfsbereitschaft wären demnach keine zivilisatorischen Errungenschaften, sondern Teil der menschlichen Grundausstattung. Für den Humanbiologen und Schriftsteller Franz Mechsner ist das naheliegend, da eine Gesellschaft von Egoisten auf Dauer nicht erfolgreich sein könnte. Menschen seien, im Gegensatz zu allen anderen Lebewesen, zudem in der Lage, ihre kulturelle und soziale Entwicklung zu kumulieren, weshalb die Entwicklung auf Grundlage des so entstandenen Wissens zunehmend an Tempo gewinne (ebd., S. 131).

> Die durch komplexe Kommunikation gestartete ‘kulturelle Revolution’ setzt sich fort bis heute, ohne dass ein Ende abzusehen ist. Zeichnungen, Formeln, Absprachen und gemeinsames Wissen machen Erfindungen und Massenherstellung etwa von Computern erst möglich. Und kulturelle Revolutionen: Nicht einmal eine Generation brauchte das Internet für seinen weltumspannenden Siegeszug. (ebd.).

Schlüssel dazu ist die Entstehung der symbolischen Kultur, zu der Sprache, Schrift und Bild gleichermaßen zählen. Mechsner konstatiert, dass das Symbolische unsere gesamte Kultur formt und durchdringt: Wir sind umgeben von Geschichten, kollektiven Erinnerungen und Sinngebungen (ebd.). Wann und wie diese symbolische Durchdringung des Alltags ihren Anfang nahm, liegt im Dunkeln. Am Max-Planck-Institut für evolutionäre Anthropologie in

Leipzig geht man davon aus, dass die "geistige Menschwerdung" soziale und kulturelle Wurzeln hat (ebd., S. 132). Auch Beobachtungen von kleinen Kindern deuten in diese Richtung, denn lange bevor sie zu sprechen beginnen, sind sie bereits zu sozialem Verhalten fähig, interpretieren soziale Situationen und zeigen früh Hilfsbereitschaft (ebd., S. 135 f.). Da Menschen als eine sozial lebende Spezies extrem abhängig von anderen Menschen sind, vermutet die Mehrzahl der Anthropologen, dass es eher die komplexen sozialen Strukturen als die rein technischen Anforderungen waren, die die menschliche Intelligenz und die Entwicklung der Sprache geprägt haben (z. B. Lehnen-Beyel 2006, Jütten 2011).

Die Anfänge der Sprachentwicklung sind nicht zweifelsfrei zu klären, fest steht aber, dass von Menschen zahlreiche Sprachen entwickelt worden sind und jede einen typischen Klang, eine eigene Struktur, ihre Regeln und ihre Grammatik hat. Beim Erlernen dieser Sprachen wird ein weiterer Grundzug der Spezies Mensch deutlich: Eine ständige Suche nach Systematik und Sinnzusammenhängen. Das Gehirn verarbeitet und organisiert alle bleibenden Eindrücke vor dem Hintergrund des individuellen Erfahrungshorizonts und macht sich einen Reim auf das Erlebte. Inhaltliche Sprünge und Lücken werden dabei kreativ ergänzt. Die englische Kommunikationstrainerin Barbara Minto versucht, dieses Prinzip der automatischen Sinnsuche für die Strukturierung von Vorträgen und Präsentationen nutzbar zu machen. "Dass der menschliche Geist automatisch alles um ihn herum in eine gewisse Ordnung bringt, ist seit langem bekannt. Im Wesentlichen neigt er dazu, Dinge, die zusammen auftreten, als zueinander gehörig anzusehen. Darum versucht er auch, ihnen ein logisches Muster aufzuerlegen" (Minto 2008, S. 17). Diese Interpretationsfreude führt dazu, dass dem eigenen Erleben und auch dem Verhalten der anderen im Regelfall einen Sinn zugeschrieben wird, auch wenn man es ebenso gut als gänzlich unplausibel bewerten könnte. Aber das führte nicht weiter und brächte weder Emotionen noch Inspirationen zustande. Die Sprache ist ein zentrales Instrument, um die Interpretation von Eindrücken und Erfahrungen abzugleichen und sich in der Gemeinschaft zu verorten. „Mit Sprache (...) haben wir Anteil an den Welten anderer. Wir können entdecken, daß diese Welten nicht genau mit unserer eigenen übereinstimmen, und das wiederum führt uns zu der Erkenntnis, dass die Welt auch anders ein kann, als wir annehmen" (Dunbar 1998, S. 136). In diesem gedanklichen Spiel der Möglichkeiten, das der britische Anthropologe Robin Dunbar hier beschreibt, könnte eine Wurzel der Kreativität liegen.

Nicht nur das Sprechen, auch das Hören und Sehen haben dementsprechend eine hohe Bedeutung für das Zusammenleben und die Kommunikationsprozesse in der Gemeinschaft. Dennoch entwickeln sich diese Sinne in unserem Kulturkreis, im Gegensatz zum Sprechen, Schreiben und Lesen, weitgehend ohne systematische Förderung, was ihrer Bedeutung im

Grunde genommen nicht angemessen ist. Denn das, was vor Augen liegt, ist nicht ohne Weiteres zu erkennen, sondern abhängig vom Wissen, von der Empathiefähigkeit und der Lebenserfahrung des Einzelnen, und es wird hochgradig individuell interpretiert. Das gilt auch für Eindrücke, die von Medien vermittelt werden. Verdichtungen von visuellen Botschaften in Kunstwerken wie Gemälden, Fotos oder Filmen sind in ihrem symbolischen Gehalt nicht ohne kulturelle Bildung zu entschlüsseln. Umgekehrt sind sie Quelle der Information und bieten Orientierung, wenn diese Entschlüsselung gelingt. "Seit einiger Zeit wird richtigerweise akzeptiert und untersucht, das die Künste schlechthin Wissen bereitstellen und transportieren, dass sie besondere Weisen (auch Schreib-Weisen) des Wissens und Erkennens sind [...]" (Koch 2012, S. 4).

Diese Aufwertung der Künste ist auch vor dem Hintergrund der Erkenntnisse aus der Hirnforschung gerechtfertigt. Das Gehirn verarbeitet Erlebnisse und Sinneseindrücke in verschiedenen Arealen. Die linke Hirnhälfte gilt als zuständig für Rationalität, Logik, Analyse, Abstraktion und Sprache; die rechte Hirnhälfte als zuständig für Emotionalität, Intuition, für ganzheitliche Wahrnehmung und das Erfassen von visuellen Eindrücken (vgl. Damasio 1995; 2000, zitiert nach Hoffmann 2004, S. 37). Dieses Modell trennt zwar Aspekte, die im Alltag nicht zu trennen sind, weil Kommunikationsprozesse und Wahrnehmungen, die nicht beide Hirnhälften beanspruchen, kaum konstruierbar sind. Dennoch ist dieses Modell wichtig, weil es deutlich macht, dass die neuronale Grundlage, die „Matrix des Hirns" (Hoffmann 2004, S. 38), möglichst breit ausgeprägt werden muss und dazu entsprechende pädagogische Ansätze erforderlich sind. Die traditionellen ganzheitlichen Ansätze aus der Zeit der Reformpädagogik, die sowohl den rationalen und logischen als auch den emotionalen Zugriff auf ein Thema ermöglichen, sind vor diesem Hintergrund noch aktuell.

Beim Kreativen Schreiben nutzen mit Cluster und Mind-Mapping zwei grundlegende Methoden ganz gezielt die Verknüpfung von linker und rechter Gehirnhälfte. In der medienpädagogischen Praxis ist eine entsprechende Zuordnung zu den Gehirnarealen meines Wissens bislang nicht thematisiert worden. Sie ist faktisch jedoch gegeben, da eine Gruppenproduktion ohne zahlreiche verbale Absprachen und Reflexionsprozesse nicht möglich ist und gleichzeitig die visuelle Gestaltung die rechte Hirnhälfte fordert.

5.2 Das Ideal der Kreativität

Kreativität ist die Fähigkeit, durch transformatives Denken oder Handeln etwas Neues zu schaffen. Etymologisch geht das Wort auf das lateinische Verb "creare" (hervorbringen, erschaffen, ins Leben rufen) zurück. Die Bewertung und Akzeptanz des Neuen geschieht dabei durch das soziale Umfeld und unterliegt einem erheblichen Ermessensspielraum. Ob etwas als kreativ empfunden wird, ist also ganz subjektiv. "Eine Idee wird von einem sozialen System als kreativ akzeptiert, wenn sie in einer bestimmten Situation neu ist oder neuartige Elemente enthält, und wenn ein sinnvoller Beitrag zu einer Problemlösung gesehen wird" (Preiser 1976, S. 5, zitiert nach Wilhelm 2004, S. 104).

Im Kontext der Fragestellung sind vor allem die Kreativitätskonzepte von Bedeutung, die davon ausgehen, dass Kreativität trainierbar und jedem Menschen ein angeborenes Talent gegeben ist, das im Zuge der Sozialisation entweder gefördert oder überlagert und verschüttert werden kann. Bereits der Gebrauch der Sprache belegt die prinzipielle Kreativität jedes Einzelnen, da Satz für Satz aus dem Wortschatz kreiert werden muss.

In Bezug auf das Kreative Schreiben hat sich insbesondere Kaspar H. Spinner mit der Kreativitätsförderung befasst. Er benennt fünf Grundprinzipien, durch die kreative Prozesse angestoßen werden können:

- Irritation (durch Abweichung von vertrauten Schemata oder Scripts, z. B. durch ungewöhnliche Wortkopplungen wie "fliegende Schnecke")
- Expression (als Selbstausdruck, der aus der Quelle eigener Emotionen und Erfahrungen schöpft)
- Imagination (die Irritation und Expression verbindet, weil man sich hier vorstellt, dass etwas ganz anders sein könnte als es ist)
- ästhetisches Wahrnehmen (bewusste, wertschätzende Wahrnehmung von Kunst, Natur und Umwelt)
- Imitation (Erkennen und Erproben narrativer Muster und literarischer Stilrichtungen) (Spinner 2005, S. 82 ff.)

Spinner hält es nicht für notwendig, dass diese Grundprinzipien in jedem Schreibsetting gleichermaßen eine Rolle spielen, betont aber, dass eins dieser Prinzipen allein auch nicht genüge, denn Arrangements nur nach dem Prinzip der Irritation und der Imagination könnten ein allzu unverbindliches Schreiben hervorrufen, solche nur nach dem Prinzip der Expression zu sehr ein Verharren in individueller Stereotypie, solche nur nach dem Prinzip der ästhetischen Wahrnehmung zu wenig phantasieanregend sein, solche nur nach dem Prinzip der Imitation zu wenig individuellen Spielraum eröffnen (Spinner 2005, S. 92).

Einen anderen Zugang zum Thema Kreativitätsförderung hat Edgar Wilhelm, Professor für Spiel- und Interaktionspädagogik. Er unterscheidet drei Aspekte: Förderung der Entfaltung einer schöpferischen Grundhaltung, das eigene Tun und den Aufbau kreativer Felder (vgl. Wilhelm 2004, S. 104 f.).

"Kreative Felder" sind ein Kernbegriff moderner Kreativitätskonzepte, weil sie es dem Einzelnen ermöglichen, synergetisch über sich hinauswachsen (vgl. Burow 2000). Olaf-Axel Burow, Professor für Allgemeine Pädagogik in Kassel, ist überzeugt davon, dass eine Gruppe oder ein Team auch ohne die herausragende Begabung Einzelner zu schöpferischen Spitzenleistungen fähig sein kann. Diese These spitzt er in seinen Buchtiteln zu: "Ich bin gut – wir sind besser. Erfolgsmodelle kreativer Gruppen" (Burow 1999) oder "Die Individualisierungsfalle. Kreativität gibt es nur im Plural" (Burow 2000).

Einen weiteren, sehr eigenwilligen Ansatz vertritt der Organisationspsychologe Peter Kruse. Eine entscheidende Bedingung für kreative Systeme ist für ihn die Instabilität. "Nur wo Störer und Spinner willkommen sind, kann Neues entstehen. (...) Kreativität bedeutet, neue Muster zu bilden – und damit immer einen Bruch mit der bestehenden Ordnung" (Vortrag Kruse 2010, aufgerufen am 27.06.2012 unter www.youtube.de). Unabdingbar für die Produktivität der Instabilität sind allerdings zwei weitere Komponenten: Diversity (Vielfalt, Unterschiedlichkeit innerhalb des Systems) und Netzwerke mit nicht linearen Rückkopplungsmechanismen, die ein Feedback ermöglichen. Kruse baut mit diesen Komponenten kreative Systeme, die mit Personen mit bestimmten Persönlichkeitsmerkmalen besetzt werden.

Es gibt die Creator, die je nach Blickwinkel als kreative Querdenker oder Störer und Spinner wahrgenommen werden, die Owner, die das nötige Fachwissen in Bezug auf das Problem mitbringen und die Broker, die die Leute im Team kennen und zusammenführen.

Kruse orientiert sich in seinem Vorgehen an der Funktionsweise des menschlichen Gehirns: "Creator und Owner repräsentieren die Hirnrinde, in der aus Wissen und äußeren Eindrücken ein Ideenpool entsteht. Owner und Broker sind als bewertende Instanz mit dem limbischen System zu vergleichen, während Broker und Creator als Störenfriede laufend (Nerven)reize auslösen" (ebd.). Keine der drei Gruppen wäre allein in der Lage, das angenommene komplexe Problem zu lösen, doch gemeinsam bilden sie ein System, dessen Intelligenz größer ist als die Summe der Intelligenz der einzelnen Beteiligten.

Die Kreativität als rein überindividuell und konstruierbar zu definieren, ist quasi die Antithese zum Musenkuss und dem Geniekult des späten 18. Jahrhunderts. Die Verortung von Kreativität allein in der Gruppe oder allein im Individuum bleibt aber letztlich ein Gedankenspiel, da beide nicht voneinander zu trennen sind.

In der Medien- und der Schreibpädagogik gehört die Kreativitätsförderung zu den herausragenden Zielen. Prof. em. Joachim Fritzsche, Vorsitzender des "Segeberger Kreises. Gesellschaft für Kreatives Schreiben e. V." von 1984 -1994, nennt sie als erste neben fünf weiteren Zielen[8] (vgl. Fritzsche 1994, S. 163 f.).

Dass bereits das Aussprechen eines Gedankens eine inspirierende Wirkung haben kann, be schreibt Heinrich von Kleist 1810 in einem Aufsatz mit dem Titel *Über die allmählige Verfertigung der Gedanken beim Reden*:

> Wenn du etwas wissen willst und es durch Meditation nicht finden kannst, so rate ich dir, mein lieber sinnreicher Freund, mit dem nächsten Bekannten, der dir aufstößt, darüber zu sprechen. Es braucht nicht eben ein scharfdenkender Kopf zu sein, auch meine ich es nicht so, als ob du ihn darum befragen solltest: nein! Vielmehr solltest du es ihm selber allererst erzählen (Kleist 1810/2002, S. 23).

Eine moderne Variante davon ist das "Schreibdenken", das die Psychologin Ulrike Scheuermann ihren Klienten als "Denk- und Lernwerkzeug" nutzbar machen will (Scheuermann 2012). Hier ist das Gegenüber nicht der „nächste Bekannte", sondern ein Blatt Papier. Scheuermann geht davon aus, dass der Medienwechsel das Entscheidende für die Inspiration ist – vom Denken zum Reden oder vom Denken zum Schreiben und zurück.

Diese angenommene Inspiration allein durch einen Medienwechsel wäre eine Ressource, die sowohl beim Kreativen Schreiben als auch in der Medienpädagogik noch gezielter genutzt werden könnte.

---

[8] Die fünf weiteren Ziele sind: Förderung von Schreibmotivation, geselliges Schreiben, Förderung des Selbst- und Fremdverstehens, Förderung der ästhetischen Kompetenz und Förderung des Literaturverständnisses.

5.3 Gruppenarbeit und soziale Praxis

Das Kreative Schreiben und die aktive Medienarbeit weisen in ihrer Praxis etliche Übereinstimmungen auf. Üblicherweise findet die Arbeit in Gruppen statt und ist im Schwerpunkt prozessorientiert – und nicht produktorientiert.

In Schreibwerkstätten und in Medienwerkstätten arbeiten Gruppen über einen bestimmten Zeitraum hinweg zusammen. Freizeit- und Ferienreisenangebote sind ebenso üblich wie die Konzentration auf den Sozialraum. Speziell für den schulischen und außerschulischen Bereich gibt es Projekte, die vor Ort in den Einrichtungen stattfinden.

Die Anzahl der Termine ist üblicherweise vorgegeben. Der Zeitrahmen mit dem gesetzten Ende und das Vorhaben, das gemeinsame Produkt oder die gemeinsamen Produkte zu präsentieren, führen zu einem konstruktiven Zeitdruck und einer gewissen Dynamik, die weder Langeweile noch zähe gruppendynamische Konflikte zulässt. Da der Mensch als ultrasoziales Wesen (s.o.) gemeinsame Herausforderungen und Experimente mit produktiven Ergebnissen zu schätzen weiß, verläuft die Mehrzahl dieser Projekte für alle Beteiligten äußerst zufriedenstellend.

Die folgende Begründung für eine Projektorientierung der Gruppenarbeit stammt aus der Feder des renommierten Medienpädagogen Fred Schell, könnte aber ebenso gut in einer Veröffentlichung zum Kreativen Schreiben zu finden sein:

> Ausgangspunkt für die Projektorientierung einer am Handeln ausgerichteten MP [Medienpädagogik] ist ein Verständnis von Lernen als Prozess der aktiven Aneignung und Gestaltung der Lebenswelt, in dem der Mensch sich selbst entwickelt und verändert. Dieses Verständnis basiert auf einem interaktionstheoretischen Ansatz, wonach der Mensch ein sozial eingebundenes und sozial handelndes Wesen, also ein aktives Subjekt ist (Schell 2008, S. 587).

Das potenzielle Teilnehmerspektrum für beide Angebote ist riesig, da es kaum eine Gruppe gibt, die per se ausgeschlossen ist. Die, die schließlich kommen, sollen mit ganzheitlichen Methoden erreicht und auf vielerlei Weise ermutigt und gefördert werden: in Bezug auf die Selbstwirksamkeit, die Ausdrucksfähigkeit und die ästhetische und soziale Erfahrung. Ganz im Geist der Pädagogik der 1970er-Jahre geht es darum, die jeweils gegebenen Voraussetzungen zugrunde zu legen und die Gruppe dort abzuholen wo sie steht. Das Projekt soll ein dichtes, positives Gruppenerleben vermitteln, das den einzelnen stärkt und das Wesen von Kreativität erfahrbar macht, indem alte Muster verlassen werden und durch transformatives Denken und Handeln etwas Neues entsteht.

Die Themen, zu denen gearbeitet wird, werden meistens gemeinsam festgelegt, denn eine hohe Zustimmung oder Identifikation beflügelt die inhaltliche Arbeit und hilft auch dabei, Schwierigkeiten zu bewältigen. Da kommunikatives Handeln weniger durch formales Training als in der Auseinandersetzung mit Inhalten gelernt wird, werden im Zuge der Zusammenarbeit Themen erarbeitet und präsentiert – und erst in zweiter Linie Produktionstechniken vermittelt und geübt. Nebenbei werden soziale Verhaltensweisen erworben.

Die Präsentation der Arbeitsergebnisse ist in beiden Disziplinen Abschluss und Höhepunkt der Projekte. In Schreibwerkstätten wird das Lesen vor Publikum zudem fortlaufend geübt, weil das Vorlesen direkt nach der Arbeit an einem Schreibimpuls zum Konzept gehört. In Medienwerkstätten werden analog dazu die Tagesergebnisse gesichtet und besprochen.

Ganz zum Schluss finden Ausstellungen, Filmprojektionen oder Lesungen im Idealfall vor real anwesenden Gästen statt oder zumindest vor virtuellem Publikum im Internet. Da die Ergebnisse möglichst gut und professionell wirken sollen, spielt in vielen Gruppen auch das Abarbeiten an konventionellen Lese-, Seh- und Hörgewohnheiten eine Rolle und damit zieht eine Produktorientierung in die Arbeit ein, die im Grunde genommen nicht zum pädagogischen Konzept gehört.

Die Dozentinnen und Dozenten moderieren die Arbeitsprozesse und arbeiten gleichzeitig mit. Sie schreiben auch mit und lesen ihre Texte vor. Im Regelfall kommen sie aus verschiedenen Berufen und sind freiberuflich tätig. Die Berufsbezeichnungen sind nicht geschützt. Weder der Medienpädagoge, der im Kontext der Offenen Kanäle gelegentlich auch Kommunikationshelfer heißt, noch der Schreibpädagoge, Schreibcoach, Schreibtrainer oder Dozent für Kreatives Schreiben brauchen eine Ausbildung. Viele von ihnen finden den Einstieg in die Dozententätigkeit über die Teilnahme an einem Projekt, bei dem sie Feuer gefangen haben. Sie glühen für ihre Arbeit und sind in fachbezogenen Netzwerken aktiv (u. a. GMK, Segeberger Kreis, Medienpädagogik Praxis-Blog), an denen sich auch Wissenschaftler, Forscher und Hochschullehrer beteiligen. In diesen Netzwerken ist eine informelle Reflexion der Lehrerfahrung aus der Basisarbeit möglich.

5.4 Parallelität der Problemlagen

Das Kreative Schreiben und die Medienpädagogik wären in der Definition von Kruse (Kruse 2010) kreative Systeme: Es gibt die mit Leidenschaft und Einfallsreichtum an der Basis tätigen jungen Dozentinnen und Dozenten als unangepasste "Störer und Spinner" (Creator), die alten Hasen, die über viel Fachwissen verfügen und bereit sind, dies zu teilen und zu lehren (Owner), und die Wettbewerbsorganistoren, Verlags- und Verbandsvertreter, die alle zusammenführen (Broker). Für den Organisationspsychologen Kruse sind das die idealen Rahmenbedingungen zum Wachsen und Gedeihen. In Bezug auf beide Disziplinen ist allerdings festzustellen, dass sie eher ein Nischendasein führen und sich zwar pädagogisch und menschlich lohnen, aber ökonomisch weniger. Das gilt vor allem für die konkrete Arbeit vor Ort. Auch als Querschnittsaufgabe von Bildung und Unterricht sind beide bisher nicht dort angekommen, wo sie sich selbst sehen. An bildungspolitischen Forderungen nach Kommunikations- und Medienkompetenz mangelt es dabei nicht. Einzelne Politiker und ganze Enquete-Kommissionen des Deutschen Bundestages[9] sprechen sich vehement für Medienkompetenz aus. Es gibt das Engagement einschlägiger Stiftungen, öffentlich-rechtlicher und privater Sendeanstalten, der Selbstkontrolleinrichtungen und der Landesmedienanstalten. Auf Beschluss der Kultusministerkonferenz haben das Kreative Schreiben und die aktive Medienarbeit Eingang in Lehrpläne gefunden, und an einigen Universitäten gibt es bereits Schreibzentren für wissenschaftliches Schreiben oder autonome Schreibgruppen. In Dortmund und Leipzig werden ganze Radiosender von Studierenden betrieben. Doch es handelt sich hierbei immer noch um Ausnahmen von der Regel. Es wird nach wie vor vom Zufall bestimmt, ob ein Kind, ein Jugendlicher oder ein Studierender in den Genuss solcher Angebote kommt. „Aktive Medienarbeit ist Extra, Ausnahme, Sahnehäubchen" (Lauffer & Röllecke 2012, S. 4). Nach wie vor gelten in erster Linie das Lesen und das Schreiben als relevante Kulturtechniken, weniger das Zuhören und das Sprechen und noch weniger das schöpferische Gestalten von Bild, Text, Ton und Hypertext.

Liegt das daran, dass das System von Kruse auf die Kultur- und Bildungsarbeit nicht übertragbar ist? Oder daran, dass Kreativität, die auf dem Status von Spiel, Suchbewegung und Dilettantismus im Sinne des Biedermeier verharrt, kein lohnendes Ziel ist? Oder daran, dass der Gegenstand Kommunikation von beiden Disziplinen möglicherweise nicht komplex

9 Unter www.bundestag.de/internetenquete ist nachzulesen, dass es in der akutellen Enquete-Kommission Internet und digitale Gesellschaft eine Projektgruppe Medienkompetenz gibt. Der Zwischenbericht der Projektgruppe endet mit dem Absatz: „Ein kompetenter, gestaltender Umgang mit Medien und dem Internet ist eine Voraussetzung zur Beteiligung des Einzelnen am gesellschaftlichen Diskurs. Medienkompetenz wird damit zum Schlüssel zur gesellschaftlichen Teilhabe in Bildung und Ausbildung, Arbeit, Gemeinwesen und Politik. Medienkompetenz ist eine Basiskompetenz der digitalen Gesellschaft!" (Bundestagsdrucksache 17/7286).

genug gefasst wird? Liegt es an der Dominanz der kulturell verankerten Schriftkultur, die einer Akzeptanz der symbolischen Komplexität von Bildkulturen und ihrer entsprechenden Verankerung im Bildungssystem entgegensteht? Bieten die neuen Entwicklungen von Intermedialität und Medienkonvergenz hier neue Ansätze?

Ein weiteres gemeinsames Problem ist, dass eine Basisarbeit nur dort stattfindet, wo entsprechende finanzielle Strukturen gegeben sind. Im Regelfall wird das erforderliche Geld für jedes einzelne Projekt eingeworben. Da die Teilnehmenden nicht immer zahlungskräftig und Projekt- und Sponsorengelder gleichermaßen knapp sind, entsteht eine interne Konkurrenzsituation. Es gilt, diverse Auswahlgremien und Entscheidungsträger mit gekonnter Antragsprosa von der Einmaligkeit, Neuheit und großen Originalität des eigenen Vorhabens zu überzeugen. Entsprechend zielen auch die abschließenden Projektberichte selten auf eine kritische Einordnung und Reflexion der Praxis, sondern auf Vermehrung des eigenen Ruhmes, weil davon wieder die nächste Projektfinanzierung abhängt. Dieses Prozedere verhindert zum einen den Aufbau kontinuierlicher Angebote und zum anderen eine Weiterentwicklung der Praxis durch einen offenen Austausch. Eine Dokumentation und Evaluation der Praxisprojekte wird ebenfalls nur punktuell geleistet und unterliegt in Bezug auf die Parameter einer gewissen Beliebigkeit.

Hinzu kommt, dass die aktuellen Strukturen kaum eine pädagogische Weiterarbeit mit Interessierten zulassen und die große Spannbreite der fachlichen Möglichkeiten hier nicht ausgeschöpft werden kann. Immer wieder werden Anfänger begeistert und dann sich selbst überlassen. Eine „vertiefte Erschließung des kreativen Schreibens“ (Werder 1991, S. 67) ist so nicht möglich. Gleiches gilt für die aktive Medienarbeit. Das ist vor allem bei der Zielgruppe der sozial Benachteiligten ineffektiv, weil hier wenig Potenzial vorhanden ist, um ein Weiterkommen und eine Vertiefung des Gelernten selbst zu organisieren. Doch gerade sie würde profitieren, denn "non-lineares Lernen, wurzelartige Lern-Strukturen (Rhizome) und interaktive Lernprogramme (blended learning) tragen nicht nur zur Lebenserhaltung (Qualifizierung), sondern auch zur Lebensentfaltung bei“ (Röll 2003, Klappentext).

Die skizzierte Problemlage führt dazu, dass einzelne Projekte mit Ansprüchen überfrachtet werden. Es ist nicht möglich, sämtliche förderlichen Aspekte in einem einzelnen Projekt zu realisieren. Das gilt sowohl für die Medienpädagogik als auch für das Kreative Schreiben. Dafür wurden die theoretischen Ansprüche, beispielsweise in Dieter Baackes Medienkompetenzbegriff, auch nicht entwickelt (vgl. Baacke 1997). Sie sind eine Zielperspektive und gehen von kontinuierlichen Angeboten aus, die systematisch aufeinander aufbauen, und davon, dass die Pädagogik diese Aufgabenfelder als Querschnittsaufgabe erkennt und behandelt.

Weiterhin eint beide Disziplinen der Dilettantismusvorwurf der professionellen Vertreter ihrer Zünfte: "Die Berufsautoren erscheinen nun als Gegner. Sie haben das kreative Schreiben als ‚windigen Dilettantismus' entdeckt und fallen schreiend über den Textmist der Laien her, dicht gefolgt von Lektoren, Literaturwissenschaftlern, Kritikern" (Werder 1991, S. 65).

Auch hier gibt es viele Gegenbeispiele von Autoren, die beispielsweise Kreatives Schreiben für Kinder im Kontext von Schule anbieten[10]. Es gibt regelmäßig erscheinende Zeitungsseiten von Jugendredaktionen und Mitmachangebote öffentlich-rechtlicher und privater Sendeanstalten. Dennoch halten auch Journalisten, Redakteure und Filmemacher in der Regel Distanz zu den Amateuren, die unter ganz anderen Bedingungen arbeiten und mit viel Zeit und Leidenschaft unbezahlt produzieren. Deren Ahnungslosigkeit in Bezug auf die Abläufe in professionellen Systemen wird als anstrengend empfunden, gleichzeitig gibt es starke Vorbehalte gegen die Arbeitsweise in den nicht hierarchischen Gruppen und die Ignoranz gegenüber journalistischen Formen. Die Amateure halten sich nicht an die Regeln und erlauben sich eine radikale Subjektivität (vgl. Röll 2012, S. 56), und sie sind immer schwerer zu bremsen. Im Web 2.0 darf jeder schreiben – und viele tun es. Das Selbstverlegen von Büchern und E-Büchern nimmt zu. Da gleichzeitig der journalistische Bereich seit Jahren von einem massiven Stellenabbau betroffen ist, spitzt sich hier die Konkurrenzsituation zu. Im Bereich der audio-visuellen Medien lässt sich mit leicht handhabbarer Amateurtechnik seit der Digitalisierung technisch sendbares Material produzieren, und so finden Amateuraufnahmen Eingang in Radio- und Fernsehprogramme[11]. Dabei handelt es sich gelegentlich auch um Aufnahmen, die in medienpädagogischen Zusammenhängen entstanden sind.

Dennoch ist die Auseinandersetzung mit den Professionellen nur ein Nebenschauplatz für die Medien- und Schreibpädagogik, weil in den Gruppen im Regelfall nicht produktorientiert, sondern prozessorientiert gearbeitet wird. Das heißt, ein großartiges Produkt ist nicht der Maßstab für die Qualität der Projekte. Der Weg dorthin ist es. Das markiert die deutliche, aber durchlässige Grenze zu den professionellen Kollegen.

---

[10] ... wie der Dortmunder Autor Ralf Thenior (vgl. Thenior 2005).

[11] In der Katastrophenberichterstattung oder in Krisengebieten, wo keine Journalisten vor Ort sind, sind Amateuraufnahmen inzwischen der Regelfall, hier wird auch von „Bürgerjournalisten" gesprochen.
Eine amerikanische Serie mit dem Titel "Rude Tube", die hierzulande mit deutschem Voice-Over ausgestrahlt wird, grast das Web 2.0 seit Jahren nach spektakulären Amateuraufnahmen ab, die dann im Stil einer Hitparade präsentiert werden.

6 Faktische und potenzielle Schnittstellen

Nach dem selbstverständlichen Nebeneinander schöpferischer Techniken in den Anfangsjahren entfalten sich die aktive Medienarbeit und das Kreative Schreiben, ohne konzeptionell Bezug aufeinander zu nehmen. Schnittstellen ergeben sich gelegentlich und eher zufällig, beispielsweise bei Bezügen der Medienarbeit auf literarische Vorlagen. Die Zeitschrift *medien praktisch* widmet 1991 ein ganzes Heft dem Thema Literaturverfilmung (Nr. 59 3/91). Bei den regionalen und bundesweiten Videowettbewerben gibt es dann und wann Einreichungen, die mit literarischer Sprache vertont sind, oder Werke, die im Literaturunterricht entstanden sind. Aber im Wesentlichen setzt die aktive Medienarbeit doch auf Geschichten, die in Gruppengesprächen entwickelt und mit Stegreifdialogen umgesetzt werden. Das Kreative Schreiben hingegen setzt ganz auf die Arbeit mit Buchstaben. Die raren gemeinsamen Ansätze aufzuspüren, ist nicht einfach, und die Ergebnisse sind in gewisser Weise zufällig, weil es aufgrund der oben skizzierten Strukturen keinen Zugriff unter dem Aspekt der Kooperation gibt. Die in diesem Kapitel genannten Projekte sind daher nicht als vollständige Auflistung, sondern exemplarisch zu verstehen. Die Auswahl fußt lediglich auf vier Quellen: Meinem beruflichen Wissen, informellen Gesprächen auf Fachtagungen und an Hochschulen, einer Internetrecherche und den Buchveröffentlichungen zum Dieter Baacke Preis, mit dem jährlich besondere und herausragende medienpädagogische Projekte ausgezeichnet werden.

6.1 Spurensuche

Eine frühe Begegnung sind die Poesievideos, die nach einer Idee von Gerd Conradt ab 1984 an West-Berliner Schulen im Deutsch- und Kunstunterricht realisiert werden. Der Prototyp ist *Der Osterspaziergang* von Goethe, Faust I: Die Schüler sprechen die einzelnen Verse nacheinander in die fixierte Kamera, sodass neben der Tonaufnahme des Gedichts Einzelporträts und ein Gruppenbild der Klasse entstehen. Dieses Poesievideo und weitere werden in einem Jugendmagazin des Senders Freies Berlin (SFB) ausgestrahlt. Gerd Conradt schreibt dazu auf seiner Homepage: "Aufgrund des Erfolges der Poesievideos bei ‚45 Fieber' trat die Redaktion Schulfernsehen vom SFB an mich heran. Unter dem Label Experiment Deutsch entwickelte sich eine fruchtbare Zusammenarbeit auf dem Gebiet der Literaturverfilmung für den Schulunterricht. Unterstützt und weiterentwickelt wurde diese Arbeit von Heinz Blumensath, einem auf dem Gebiet der Mediendidaktik zukunftsorientierten Pädagogen aus dem Pädagogischen Zentrum Berlin[12]" (aufgerufen am 09.08.2012 unter www.gerdconradt.de).

Da die Technik und auch die ganze Gestaltung der Poesievideos nicht in den Händen der Schüler lagen und die Wahl der literarischen Vorlagen nicht von ihnen bestimmt wurde, handelt es sich hier nicht um ein klassisch medienpädagogisches Vorgehen. Allerdings greift die Form des Videoclips eine mediale Vorliebe der Jugendlichen auf.

2012 gibt es ein Projekt, dass in der Tradition der Poesievideos steht: das Mülheimer Projekt "Poesie trifft Kurzfilm". Hier steht zunächst das Kreative Schreiben im Mittelpunkt eines Workshops für Jugendliche, anschließend verfilmen sie ihre Geschichten. Die Werke werden im Rahmen der Internationalen Kurzfilmtage in Oberhausen vorgeführt (aufgerufen am 20.03.2012/18:00 Uhr unter www.derwesten.de).

Einen Ansatz, das Kreative Schreiben mit der aktiven Medienarbeit zu verbinden, gibt es 1987/88 an der Fachhochschule für Sozialarbeit (FHSS) in Berlin. In dem Projekt "Kulturarbeit und Therapie mit kreativen Mitteln" wird u. a. die Kombination Schreiben und Film als "<u>eine</u> Möglichkeit intermedialer Verknüpfung" [Herv. i. O.] ausprobiert, auch Hörspiel, Theater, Rezitation, Fotoroman oder die Transformation in Comics werden angeregt (Mischon 1991, S. 126). In dem Videoprojekt entstehen zunächst mit den Methoden des Kreativen Schreibens Texte, von denen einige als Grundlage für die anschließende Videoarbeit ausgewählt werden. In Anlehnung an professionelle Arbeitsweisen beim Film wird ein aufwendiges Drehbuch erstellt, verfilmt und geschnitten. Der Videofilm wird abschließend auf einer Messe im Internationalen Congress Centrum (ICC) vorgeführt. Die ungewöhnlich lange Projektdauer hat Höhen und Tiefen und litt nach Einschätzung des Projektleiters Claus Mischon rückblickend betrachtet auch daran, dass sich der Anspruch an die Professionalität im Laufe der Arbeit veränderte. Eine Besonderheit an diesem Projekt ist, dass hier ausdrücklich auf die Medienpädagogik Bezug genommen wird:

> Schließlich jedoch liegt die Liaison kreatives Schreiben/Video deshalb nahe, weil sich das kreative Schreiben als Medium der Selbsterfahrung, der Eigenaktivität, der Emanzipation, neben dem Markt der 'eigentlichen Literatur' als eigenständiger Umgang mit Sprache und Literatur etabliert hat und es im Bereich der AV-Medien dazu ein Pendant gibt: die so genannte Videobewegung, die seit ihrem Entstehen in den spätern 60er, frühen 70er Jahren gegen das bloße Konsumieren

[12] Wie seiner Homepage zu entnehmen ist, befasst sich Heinz Blumensath – Lehrer, Filmemacher, Autor und Mitbegründer einer *Ferienschreibwerkstatt Berlin für Schüler und Lehrer* – bis in die Gegenwart mit Grenzgängen zwischen Pädagogik, Literatur und Medien.

von Fernsehen und Video ankämpft und eine kritische, aktive, dezentralisierte, kreative Mediennutzung praktiziert (ebd., S. 116).

Für den Deutschunterricht entwickelt Ingo Scheller in den 1980-er Jahren die Methode der Szenischen Interpretation, die Texte auf neue Weise erleb- und erfahrbar macht (vgl. Scheller 2004). Die Schüler spielen Szenen nach und interpretieren sie dabei vor ihrem Erfahrungshorizont. Die literarischen Texte werden so nicht nur kognitiv, sondern auch körperlich und emotional verstanden. Die literarischen Vorlagen liefern zudem Schreibimpulse für das Kreativen Schreiben. Die Aktivitäten rund um eine Szenische Interpretation lassen sich bei Bedarf medial gut dokumentieren und verdichten.

Im Berliner Verein Kommed – Kommunikation und Medien e.V., der nach der Wende gegründet wird und das Jugendfilmstudio übernimmt, wird 1991 ein *Literaturpunkt* eröffnet. Das hängt auch damit zusammen, dass im Berliner Osten das Haus der jungen Talente abgewickelt wird und die dort beschäftigte Literaturwissenschaftlerin für die Betreuung gewonnen werden kann. Hauptaufgabe des *Literaturpunkt* ist die Veranstaltung eines jährlichen Jugendliteraturwettbewerbs. Ein gemeinsames Projekt mit den Kollegen, die für die Videoarbeit zuständig sind, ist eine Literaturverfilmung, die schließlich beim Berliner Medienfestival eine Auszeichnung erhält. Darüber hinaus gibt es wenig Kooperation zwischen dem *Literaturpunkt* und der Abteilung Bild. Auch Methoden des Kreativen Schreibens werden bei den regelmäßigen Autorentreffen nicht praktiziert – meine Vermutung ist, dass sie auch gar nicht bekannt waren. Das Projekt wird vom Arbeitsamt finanziert und endet nach vier Jahren.

Neben ambitionierten Literaturprojekten gibt es das auch das Bemühen, Bilderbücher in die medienpädagogische Praxis im Kindergarten einzbeziehen. Die Freiburger Diplom-Medienpädagogin Sylvia Näger ist hier Vorreiterin und entwickelt früh konkrete Ideen an der Schnittstelle Kinderliteratur, Medienpädagogik und Sprachförderung.

Bundesweit gängig sind inzwischen die Bilderbuchkinos, bei denen die Bilder projiziert werden und der Text dazu eingesprochen. Die Bilderbücher lassen sich in dieser Form leicht durch gemalte Bilder aus der Kindergruppe ergänzen. Es kann auch eine ganze Neufassung entstehen, wenn die Kinder das Geschehen mit eigenen Worten nacherzählen und mit Fotos, Malereien und Zeichnungen bebildern.

Durchmischungen, bei denen das Kreative Schreiben und die Produktion von Bildmedien nicht nacheinander abgearbeitet werden, sondern schon im konzeptionellen Ansatz als Einheit gedacht und miteinander verbunden werden, bleiben die Ausnahme, bis das Internet eine gemeinsame Plattform schafft und die traditionell verankerte Grenze zwischen Bild und Schrift im Zuge der Medienkonvergenzentwicklungen verwischt.

6.1.1 Das Internet als gemeinsame Plattform

Im Internet wird ist das Nebeneinander von Bild (Bild, Bewegtbild, Animation, 3-D-Grafik, Infografik u.a.), Klang (Sprache, Geräusche, Musik) und Schrift der Regelfall. Selbst bei reinen Textseiten spielen Ästhetik und Layout eine Rolle und transportieren allein durch das Schriftbild, die Gestaltung mit Schrifttypen, Farben und Formen die Botschaft mit. Es gehört nun zur alltäglichen Rezeptionserfahrung, dass auch die Gestaltung komplexe Informationen transportieren kann.

> Auch Bilder und Töne lassen sich nun transportieren. Sie sind ebenfalls zu Zeichen geworden, die sich von den Dingen abgelöst verwenden lassen. Das Erlernen solcher Kulturtechniken wie Lesen und Schreiben wird deshalb sinnvollerweise um die Nutzungstechniken der verschiedenen Bild- und Tonmedien erweitert. Dazu gehört auch, Informationen anwählen und verknüpfen (‚Hypertext'), beurteilen und bearbeiten zu können (Doelker 2010, S. 1).

Die pädagogische Intervention richtet sich zunehmend auch auf ästhetisches Lernen und die Förderung eines kreativen Klimas, das nicht an den traditionellen Grenzen der Medien endet. Das Nebeneinander kreativer Angebote von der Körperarbeit über die bildenden Künste, Musik, Sprache, Kreatives Schreiben bis hin zu allen traditionellen Formen der aktiven Medienarbeit setzt sich durch. Dabei geht es nach wie vor um das Ausschöpfen von Potenzialen und Bestärken von Talenten, immer unter dem Gesichtspunkt der Gemeinschaftsfähigkeit und der kommunikativen Kompetenz.

Eine konzeptionelle und theoretische Einbindung dafür liefert beispielsweise das Konzept der "Gestaltungspädagogik" (Hoffmann et al. 2004). Hier rücken eine Förderung der Wahrnehmungsfähigkeit den verschiedenen medialen Zeichensystemen gegenüber und die Ermöglichung "ästhetisch-kreativer Gegenerfahrungen zum bequem erscheinenden Konsum" in den Mittelpunkt (ebd, S. 207). Dennoch sind Projekte, die virtuos auf der Klaviatur der Möglichkeiten spielen, keinesfalls die Regel.

Ein solche Ausnahme ist die Hypertext-Interpretation des Romans "Simple Storys" von Ingo Schulze in einem Deutsch-Leistungskurs 1998/99 (Borrmann 2002). StR Andreas Borrmann hat die Unterrichtseinheit entwickelt und ist mit der Fächerkombination Deutsch, Mathematik und Informatik für diese komplexe Aufgabe ideal gerüstet[13]. Mit Methoden des Kreativen Schreibens nähern sich Schüler an den literarischen Stil des Autors an, recherchieren zu den Orten der Handlung, interviewen Menschen, die der gleichen Tätigkeit nachgehen wie die fiktionalen Figuren u.v.m. Anschließend verlinken sie ihre Arbeitsergebnisse miteinander und mit Fundstücken aus dem Internet, wie Rezensionen aus Zeitungsarchiven. Zunächst sind die Hypertext-Interpretationen noch sehr textlastig, aber dann beginnt die Einbindung von Tönen, Fotos, Grafiken, Collagen und selbst gedrehten Videos, die beispielsweise Szenische Interpretationen zeigen, wie sie Ingo Scheller für den Literaturunterricht entwickelt hat (Scheller 2004).

Auch das Kinderfilmfest CinePänz vom Jugendfilmclub Köln stellt eine Schnittstelle dar. Die Kinder sehen sich im Kino, in Jugendeinrichtungen oder Bürgerhäusern gemeinsam Filme an und können an medienpädagogischen Angeboten dazu teilnehmen, die unter einem thematischen Schwerpunkt stehen. 2012 ist es das Thema *Freundschaft*. Während des Festes interviewen Kinder und Jugendlichen aus der Redaktion Spinxx die anwesenden Gäste, Künstler und Produzenten, dokumentieren die Veranstaltung fotografisch und schreiben Filmkritiken. Die Redaktionsarbeit ist ganzjährig angelegt, die Ergebnisse kann man unter www.spinxx.de ansehen und lesen. In der Spinxx-Redaktion Münster werden inzwischen auch Methoden des Kreativen Schreibens praktiziert.

Von Seiten der Medienpädagogik werden in den letzten Jahren verstärkt Modellprojekte zum Thema Sprachförderung angeboten, denn mit der zunehmenden Bedeutung des Internets als Informations- und Wissensquelle rückt das Lesen als Basisqualifikation für jede Mediennutzung ins Licht der pädagogischen Aufmerksamkeit. „Die Beherrschung der Muttersprache in Wort und Schrift" gehört „in allen modernen Informations- und Kommunikationsgesellschaften zum Kernbestand kultureller Literalität" (Baumert 2001, S. 20). Schon die Recherche im Internet zeige, dass man zumindest sicher lesen können müsse, um noch genügend Ressourcen für die Entscheidungen frei zu haben, die im unübersehbaren Angebot schließlich zum (Informations-)Ziel führten, stellt Bettina Hurrelmann zutreffend fest (Hurrelmann 2005, aufgerufen am 10.08.2012 unter www.lesen-in-deutschland.de).

> Zur Lesekompetenz gehört die Fähigkeit zum Verstehen abstrakter Schriftzeichen, Wörter, Sätze und größerer Textzusammenhänge, die das sprachliche Wissen und das Weltwissen der Leser oft aufs Äußerste fordern. Zum kognitiven Verständnis kommen die emotionale Beteiligung und die Vorstellungsfähigkeit hinzu, die vor

[13] Borrmann war auch Projektleiter im Netzwerk Medienschulen der Bertelsmann-Stiftung 1999-2002. An zwölf der insgesamt 52.000 deutschen Schulen wurden hier exemplarisch vernetztes Lernen und Multimediaprojekte erprobt (vgl. Vorndran & Schnoor 2003).

allem bei der Lektüre von Fiktion eine unverzichtbare Rolle spielen. Beide Modi, das sprachlich-begriffliche und das bildlich-emotionale Verstehen können durch das Lesen in einer Weise eingeübt werden, die der verständigen und kritisch-produktiven Rezeption anderer Medienangebote zugute kommt (ebd.).

2006 gibt es einen Dieter Baacke Preis für das Münchener Projekt "Storym@iling". Hier geht es um das Erfinden von Geschichten, die dann zur Präsentation im Internet umgesetzt werden. Die Methoden des Kreativen Schreibens kommen dabei nicht zum Einsatz.

Das Projekt "erzählkultur" vom JFF-Institut für Medienpädagogik in Forschung und Praxis (München) und des Medienzentrums Parabol (Nürnberg), wird 2009 ebenfalls mit einem Dieter Baacke Preis ausgezeichnet. Im Projekt werden mit Methoden der aktiven Medienarbeit „Kommunikations- und Sprechanlässe für Kinder im Alter von 4 bis 10 Jahren – insbesondere Kinder mit Migrationshintergrund" geboten, um ihre „Sprach-, Medien- sowie ihre soziale Kompetenz zu fördern" (www.erzählkultur.info). Das Blog ist inzwischen geschlossen, auch die Geschichten der Kinder kann man dort nicht mehr nachlesen oder anhören. Dennoch wird dort durch die Konzeptdarstellung, verschiedene Verlaufsprotokolle und den Verweis auf die theoretischen Grundlagen noch ein umfassender Eindruck vermittelt. In dem Projekt sind Geschichten, Hörspiele, Trickfilme, Bilderbuch-Interpretationen, CDs und Web-Zeitungen entstanden, aber Methoden des Kreativen Schreibens, die konzeptionell sehr nahe gelegen hätten, wurden dabei nicht eingesetzt und von der Jury des Dieter Baacke Preises offenbar auch nicht vermisst. Die Erkenntnis, dass Kreatives Schreiben sowohl eine Methode der Leseförderung als auch eine Methode zum gemeinsamen Entwickeln von Geschichten ist, hat sich in der Medienpädagogik offenbar noch nicht durchgesetzt. Sie beruft sich eher auf die Tradition der Oralität der Erzählkunst, die ebenso skeptisch gegenüber der Schrift ist, allerdings auch wenig medienaffin, weil sie ganz auf die physische Präsenz der Erzählenden setzt. Doch auch hier hat das Internet traditonelle Grenzen bereits verwischt.

Mit Blick auf die Fachliteratur ist anzumerken, dass in der Medienpädagogik zumindest seit 2003 zwei grundlegende Methoden des Kreativen Schreibens nicht mehr unbekannt sind, denn Franz Josef Röll hat in seinem Buch "Pädagogik der Navigation" sowohl dem *Clustering* als auch dem *Mind Mapping* eigene Unterkapitel gewidmet (Röll 2003).

Im Zuge der Medienkonvergenzentwicklungen gewinnt die Schrift für die Kommunikation an Bedeutung und befreit sich im Alltagsgebrauch von formalen Zwängen. Das ist beispielsweise bei E-Mails im Vergleich mit Briefen zu beobachten. Auch die schulischen Normen in Bezug auf Rechtschreibung und Zeichensetzung werden weniger rigide gehandhabt, das Sinnverstehen wird zum Maßstab. Inwieweit sich nun Menschen eine schriftliche Ausdrucksweise aneignen, die vorher nicht schrieben, ist meines Wissens bisher nicht untersucht worden, aber dass Kinder die Chance bekommen, ein anderes, entspannteres Verhältnis zum Schreiben aufzubauen, liegt m. E. auf der Hand.

Eine repräsentative Studie aus dem Jahr 2011[14] bestätigt für Jugendliche im Alter von 12 bis 19 Jahren, dass selbstverfasste Texte zur Peer-Kommunikation in Online-Communities und mit dem Handy intensiv genutzt werden (mpfs 2011, S. 47 f.). Über die Qualität der Texte und kreative Experimente, ggf. unter medienpädagogischer oder schreibpädagogischer Anleitung, verrät die Studie, zu deren Kooperationspartnern die *Stiftung Lesen* gehört, allerdings nichts.

Laut JIM-Studie des mpfs haben fast alle Jugendlichen ein Handy und nutzen es nicht nur für Telefonate, sondern auch zum Schreiben von SMS, zum Musikhören, für Spiele und als Fotoapparat.

> Etwa vier Fünftel der Handybesitzer kommunizieren über das Handy regelmäßig per SMS oder werden angerufen. [...] 61 Prozent nutzen das Handy als Musikabspielgerät und jeder Dritte verwendet die integrierte Digitalkamera (34 %) zum Fotografieren und Filmen. Etwa jeder Fünfte geht regelmäßig mit dem Handy online (22 %), nutzt Nachrichtendienste und Handyspiele (je 21 %) oder versendet MP3-Dateien via Bluetooth (20 %). Etwas seltener werden über diese Schnittstelle Fotos und Filme verschickt (15 %) und 12 Prozent checken mit dem Handy ihre E-Mails (mpfs 2011, S. 59).

Da viele Jugendliche keine Flatrate haben, sondern Prepaidcards, wird das Schreiben von SMS vermutlich auch aus Kostengründen beflügelt. Interessant ist, dass die Mädchen, die lange Berührungsängste in Bezug auf technische Medien zeigten und hier gerne hinter die Jungen zurücktraten, diese Scheu offenbar komplett abgelegt haben und mit dem Handy mehr schreiben und mehr fotografieren als die Jungen, die sich ihrerseits mehr für Handyspiele begeistern können (vgl. ebd.).

Die Motivation durch den Einsatz von Handys wird inzwischen in pädagogischen Kontexten genutzt. 2011 ist ein Buch mit dem Titel "Mobiles Lernen mit dem Handy" erschienen, das 50 Szenarien vorstellt, wie das Handy im Unterricht eingesetzt werden kann. Dabei geht es um die inhaltlich fokussierte Produktion von Filmen, Fotos und Texten auch außerhalb des

---

[14] Zur Studie: Der "Medienpädagogische Forschungsverbund Südwest" (mpfs) (www.mpfs.de) führt in Deutschland seit 1998 jährlich repräsentative Studien mit Kindern (KIM-Studie) und Jugendlichen (JIM-Studie) durch, die Aufschluss über die Mediennutzung geben.
Der mpfs verfolgt mit diesen Datenerhebungen keine wirtschaftlichen Interessen, sondern liefert Daten für die medienwissenschaftliche und -pädagogische Arbeit. Finanziert wird der mpfs vom öffentlich-rechtlichen SWR (Südwestrundfunk) und zwei Landesmedienanstalten (LFK, LMK).

Schulgebäudes. Die Autoren empfehlen die Anschaffung von Klassensätzen von Projekthandys, um technisch gleiche Voraussetzungen zu schaffen (Bachmair et al. 2011). Ob dort Methoden des Kreativen Schreibens empfohlen werden, entzieht sich leider meiner Kenntnis. Auch Franz Josef Röll weist darauf hin, dass das Handy ein Medium sein könnte, mit dem „ganz neue Möglichkeiten der kulturellen Teilhabe erschlossen werden könnten" (Röll 2012, S. 63). Aktuell werden in medienpädagogischen Projekten Foto und Collagen als Kommentare im Internet abgelegt, beispielsweise bei Google Maps, um Spuren zu hinterlassen und sich an der virtuellen Sicht auf den eigenen Sozialraum zu beteiligen.

6.1.2 Poetische Selbstanalyse und Selbstnarration

Lutz von Werder hat ein Buch veröffentlicht, in dem Schreibübungen, die aufeinander aufbauen, dazu anleiten, eine "persönliche Mythologie" zu schreiben (Werder 2009). Unter dem Zwischentitel *Selbstnarration* schreibt Franz Josef Röll in einem Aufsatz über medienpädagogische Trends ebenfalls über Identitätsarbeit: "Das Widererkennen, die Kontextualisierung und das Reflektieren der eigenen Person geschieht über Geschichten erzählen, das Spielen mit Sprache, Bildern und Tönen". Er nennt Selbstdarstellungen in Sozialen Netzwerken und auf YouTube als Beispiele für diese Tendenz (Röll 2012, S. 61). Während von Werder die Identitätsarbeit mit Schreibimpulsen und Schreibaufgaben anregt, sieht Röll das Web 2.0 als Erfahrungsraum für die Exploration von Teilidentitäten und den Umgang mit ihnen (ebd.). Beide gehen davon aus, dass es sich bei der Identitätsentwicklung nicht nur um eine Aufgabe der Pubertät handelt, sondern um einen lebenslangen Prozess. Die Wege – der eine ausschließlich über die Sprache und der andere über "neue virtuelle Möglichkeitsräume" (ebd.) im Internet – schließen sich dabei nicht aus. Allerdings sprechen sie verschiedene Altersgruppen vorrangig an. Das Konzept von Lutz von Werder verlangt eine gewisse Lebenserfahrung, Schreibpraxis und Übung in der Selbstreflexion. Das Spiel mit der eigenen Identität bzw. den eigenen Teilidentitäten im Internet ist hingegen auf unterschiedlichen Alters- und Bildungsniveaus denkbar und auch in Bezug auf mögliche Feedbacks variantenreicher. Hier kann man sich ausprobieren. Es ist ein Anfang, bei dem die Systematisierung der Suchbewegungen allerdings ins Belieben gestellt ist.

Eventuell ließe sich ein umfassendes Konzept wie das Schreiben der persönlichen Mythologie durch die Einbeziehung der Möglichkeiten des Internets noch erweitern. Gerade gemeinsame Erfahrungen ganzer Generationen können hier sinnvoll bearbeitet werden.

Das Potsdamer Literaturbüro sammelt im Sommer 2012 digitale Fotos für die Ausstellung *Kindheit in Brandenburg*, die im besten Fall mit persönlichen Anmerkungen eingereicht werden. Ein *Jahrhundert-Fotoalbum* soll entstehen, das Geschichte von unten erzählt. 2009 hatte das Literaturbüro bereits um Tagebücher gebeten, deren Verarbeitung nun unter www.zeitstimmen.de präsentiert wird. Beide Projekte dokumentieren Zeitgeschichte und bieten sich gleichzeitig an, künstlerisch weiterverarbeitet zu werden, beispielsweise um Ereignisse oder Zeitabschnitte zu verdichten.

6.1.3 Kollaboratives Schreiben

Das gemeinschaftliche Verfassen von Romanen ist seit der Frühromantik eine gängige Praxis, und im Laufe der Zeit wurden bereits viele Herangehensweisen an diese Aufgabe entwickelt (vgl. Mischon; Schulte-Steinicke, Werder v. 1992, S. 178 f.). Pionier des kollaborativen computergestützten Schreibens ist der amerikanische Computertechniker und Erfinder Doug Engelbart (*1925). Inzwischen können beliebig viele Autoren im Internet gemeinsam an Texten und Hypertexten arbeiten, sich dabei gegenseitig überraschen und voneinander lernen. Eine Autorschaft ist dann allerdings nicht mehr belegbar, wie bei *Wikipedia. Die Freie Enzyklopädie*. Hier arbeiten viele Interessierte an den Einträgen, die alle die gleichen Möglichkeiten des Zugriffs besitzen (egalitärer Ansatz) und die sich untereinander nicht kennen. Auf Facebook wird seit Juli 2010 von mehr als 2.000 Usern an einem Roman mitgeschrieben, der „Zwirbler" heißt und letztlich von Gergely Teglasy nach den ihm zugelieferten Ideen verfasst wird (www.zwirbler.com). Es gibt auch einen podcast zum „Zwirbler" und rund um das Projekt hat sich eine muntere Eventkultur entwickelt.

2011 wurde ein Wiki mit dem *Grimme Online Award* ausgezeichnet: die Internet-Plattform *GuttenPlag Wiki* für die Aufklärung der Plagiatsaffäre um Exverteidigungsminister Karl Theodor zu Guttenberg (CSU). Die Jury befand, das Projekt zeige, wie gut Textvergleiche kollaborativ organisiert werden können und lobte die „faire und unvoreingenommene Arbeitsweise der Administratoren des Wikis" (epd medien 2011, Nr. 26, S. 27).

Die Technik ist inzwischen so weit, dass das synchrone kollaborative Schreiben durch das synchrone kollaborative Zeichnen ergänzt werden kann (http://dabbleboard.com/tour).

6.2 Potentiale

Das Internet ist bereits zentral für die formelle und informelle Kommunikation und wird zukünftig noch an Bedeutung gewinnen. Das Land Berlin plant bereits einen freien Internetzugang "WLAN für alle" (Berliner Zeitung Nummer 170, S. 16), um Chancengleichheit und Informationsfreiheit zu wahren. Aus der Nutzungsoption folgt allerdings nicht zwangsläufig ein reflektierter und selbstbestimmter Umgang mit dem Internet, zu dem auch die aktive Beteiligung gehört. Professor Dieter Wiedemann, langjähriger Vorsitzender der GMK, mahnt unter diesem Aspekt eine Contentdiskussion an:

> Die von Brecht und anderen gewünschten partizipativen Kommunikationsapparate sind da, jetzt scheint es darum zu gehen, die Fähigkeiten zur Formulierung von interessanten Kommunikaten zu entwickeln, und zwar im Sinne von die Entwicklung anderer nicht beeinträchtigenden, keine Lebenszeit vergeudenden (auch nicht die eigene!), die psychische Regeneration fördernden etc. Kommunikationsprozessen (Wiedemann 2012, S. 105 f.).

Es ist also nicht erstrebenswert, sämtliche Fingerübungen aus der Projektarbeit des Kreativen Schreibens oder der Medienpädagogik einfach ins Netz zu stellen – oder gar auf den Vortrag in der Gruppe zu verzichten. Wesentliche Ziele der pädagogischen Arbeit sind nach wie vor offline erreichbar. Dennoch verschenken die aktive Medienarbeit und das Kreative Schreiben Chancen, wenn sie die neuen Möglichkeiten, die das Internet bietet, nicht in den Blick nehmen. Die Interaktion, die Verknüpfung von eigenen und vorgefundenen Inhalten und auch die neuen Formen der ästhetischen Darbietung lassen sich in der Projektarbeit gut üben und vermitteln.

6.2.1 Kreatives Schreiben im Kontext aktiver Medienarbeit

Ganz grundsätzlich können die Methoden des Kreativen Schreibens in sämtlichen Traditionslinien der Medienpädagogik sinnvoll eingesetzt werden, da ohnehin geschrieben wird – nur eben nicht kreativ.

Zu Beginn der Gruppenarbeit können Scheib-Warm-Ups die Stimmung auflockern, weil jeder vorliest und so zu Wort kommt, ohne gleich etwas über sich selbst sagen zu müssen. Bei der Festlegung auf ein Thema wäre das Clustern hilfreich und trügt dazu bei, dass auch die Stillen ihre Gedanken beisteuern können. Ebenso geeignet wären die Methoden des Kreativen Schreibens in Bezug auf die Reflexion der einzelnen Projektabschnitte und für das abschließende Feedback – also immer dann, wenn es heikel werden könnte und es besser ist, einen

Moment zu überlegen. Dann ist das Kreative Schreiben sowohl für die Klärung der eigenen Gedanken hilfreich als auch für die Stimmung in der Gruppe entlastend. Da bei kreativen Schreibübungen das Vortragen zum Konzept gehört, wird gleichzeitig das Sprechen vor einer Gruppe geübt. Das käme dem Sprechen vor der Kamera zu Gute. Auch jede Präsentation vor Gästen ließe sich mit Hilfe von Texten, die durch Schreibimpulse entstehen, beleben, weil diese Texte im Regelfall lustiger und dichter sind als umgangssprachliche Moderationen. Allerdings sollten mögliche Vorbehalte einer Gruppe gegen die Schriftsprache ernst genommen werden. Wenn das Schreiben generell angstbesetzt ist, fällt es schwer, sich auf ein Spiel mit Buchstaben einzulassen.

Besonders ergiebig wäre das Kreative Schreiben nach der Kursarbeit für die Weiterentwicklung didaktischer Techniken und Methoden. Denn hier bedarf es "einer *Verschriftlichung der gewonnenen Erfahrungen*, auch der ungünstigeren. Jede Pädagogik muss nachvollziehbar und in ihrem Kontext erkennbar sein, um sie zu theoretisieren und in eine veränderte Praxis erneut einfließen zu lassen" (Herv. i. O.) (Gedschold 2012, S. 18).

Ein konkretes Beispiel dafür, wann kreatives Schreiben in der aktiven Medienarbeit hilfreich sein könnte, ist die Erarbeitung von Dialogen.

Kreatives Schreispiel „Stummer Dialog“ (in Anlehnung an Girgensohn 2007)

Man braucht als Material lediglich Karteikarten in zwei Farben und liniertes Papier.

Jeder schreibt eine Personenkarte mit einem fiktiven Charakter: z.B. Name, Alter, Beruf, Familienstand, Erscheinungsbild, Vorlieben, größter Wunsch, größte Abneigung o.ä.

Beispiel: Josefine Taler, 24, Supermarkt-Kassiererin, liiert, rote kurze Haare, flott gekleidet, Lippenpiercing, tanzt gerne, isst vegetarisch, wäre lieber Tierpflegerin, hasst Autofahrer

Alle schreiben zwei Begegnungskarten mit Orten, wo sich Menschen zufällig begegnen können. Beispiel: Schlange an der Wursttheke im Supermarkt

Erste Runde
Man sitzt sich paarweise gegenüber in Innenkreis und Außenkreis. Jedes Paar zieht zwei Personenkarten und eine Ortskarte. Nur die Ortskarte wird aufgedeckt. Der Dialog zwischen den beiden Charakteren entspinnt sich nun am vorgegebenen Ort. Er wird auf ein Blatt geschrieben, das wortlos hin- und hergeschoben wird (zirka 20 Minuten Schreibzeit). Anschließend werden die Dialoge mit verteilten Rollen im Plenum vorgelesen.

Zweite Runde

Im Innenkreis rücken alle drei Stühle weiter, damit sich ein neuer Dialogpartner ergibt.

Die zweiten Dialoge können in Arbeitsgruppen vorgelesen werden, wo auch das Feedback gegeben wird.

Geschriebenen Dialoge bieten einige Vorteile. Sie sind reproduzierbar bei Aufnahmewiederholungen und qualitativ oft besser in der Wortwahl, in Wortschatz und Grammatik. Durch eine Überarbeitung nach dem Feedback können sie knapper, kürzer und witziger werden und landen dann schneller bei dem Punkt, der die Handlung voranbringt. Anderseits birgt das Aufschreiben auch Gefahren. Die Dialoge klingt schneller abgelesen oder auswendig gelernt und dann wirken die Gesprächssituationen wirken weniger authentisch als aus dem Stegreif entwickelt. Je nach Mentalität ist es auch möglich, dass Textvorgaben die Sprechenden einengen und ihnen weniger Raum bieten, Spontantität und Persönlichkeit einzubringen. Es kommt also sehr auf die konkrete Situation an, ob die schriftliche Erarbeitung von Dialogen sinnvoll ist. Aber bei passenden Gelegenheiten ist sehr ergiebig, sich schräge Figuren auszudenken und ein Rollenspiel zu versuchen.

Eine Erweiterung ist der Stummen Dialoge ist die Aufeinander-zu-Collage. Hier werden zunächst die Gedanken mit Blick auf das bevorstehende Treffen der fiktiven Figuren notiert (10 Minuten) und zu einer Textcollage zusammengefügt. Anschließend wird ein stummes Gespräch geführt – idealerweise in Gruppen zu dritt.

Das Verfassen von Texten als Spaß zu erleben, ist für die Kursteilnehmer hilfreich und wichtig. Auch für die aktive Nutzung des Internets ist es sinnvoll, sich schriftlich klar ausdrücken zu können und eine Vorstellung davon zu entwickeln, wie verschieden die Wörter bei den potentiellen Lesern ankommen können. Da diese Fähigkeit nicht vom Himmel fällt, hilft nur üben, üben und üben – am besten überall und auch im Kontext aktiver Medienarbeit.

6.2.2 Medienpädagogische Elemente in der Schreibwerkstatt

In Schreibwerkstätten wird bereits mit Bildimpulsen, Geräuschimpulsen, Tast- und Riechspielen gearbeitet, allerding kaum mit Bildimpulsen, die von den Teilnehmern selbst produziert werden. Sehr einfach zu integrieren wäre die Fotografie, da die Kursteilnehmer heute üblicherweise Handykameras bei sich haben. Beispielsweise könnte die Gruppe ausschwirren, um ein Foto-Cluster zu einer Farbe zu erstellen, rosa oder grau böten sich an. Die Fotos, über den

Datenbeamer vergrößert, als Ton-Dia-Schau abgespielt oder ausgedruckt, dienten dann als Impuls für Geschichten, in denen die Farbe rosa eine Rolle spielt. Das wäre nach Spinner ein Beispiel für Expression (als Selbstausdruck, der aus der Quelle eigener Emotionen und Erfahrungen schöpft) (Spinner 2005, S. 82 ff.). Auch sämtliche weiteren Grundprinzipien zur Kreativitätsförderung nach Spinner ließen sich durch den Einsatz aktiver Medienarbeit abdecken. Irritation (durch Abweichung von vertrauten Schemata oder Scripts) (ebd.) lässt leicht sich über Bildimpulse herstellen, beispielsweise durch extreme Perspektiven oder Verfremdungen mit gängigen Computerprogrammen. Die Imagination (die Irritation und Expression verbindet, weil man sich hier vorstellt, dass etwas ganz anders sein könnte als es ist) könnte durch das Einfühlen in verschiedene fremde Menschen auf den Fotos geübt werden, indem man ihnen eine Biografie zuschreibt oder sie in Dialoge einbezieht und sich überlegt, warum man gerade sie fotografiert hat. Analog dazu kann mit Tonaufzeichnungen und fremden Stimmen gearbeitet werden. Geradezu klassisch wäre der Medieneinsatz beim ästhetischen Wahrnehmen (bewusste, wertschätzende Wahrnehmung von Kunst, Natur und Umwelt) oder bei der Imitation (Erkennen und Erproben narrativer Muster). Solche Eigenproduktion von Bildern und Tönen eröffnen mit dem Medienwechsel m. E. neue Perspektiven und kommen auch dem aktuellen Mediengebrauch näher.

Wenn ein Recorder im Gruppenraum zur Verfügung stünde, wäre es einfacher, geschriebene Dialoge einem Authentizitätscheck zu unterziehen und sich an die Produktion eines Hörspiels heranzutasten. Viel anstrengendes Feedback würde eine Kamera ersetzen, die sporadisch die Lesungen dokumentiert. Man muss dann nicht sagen, dass die Hand vor dem Mund das Zuhören beeinträchtigt. Und die Selbstverständlichkeit der Aufzeichnung wäre eine gute Grundlage, um auch an szenischen Umsetzungen zu arbeiten und Filmprojekte zu entwickeln.

Besonders wichtig wird die Einbeziehung von Medien, wenn die Texte in Blogs gestellt werden. Denn hier müssen sie gestaltet werden und dabei gilt es, Bild- und Musikrechte zu berücksichtigen, was klar für die Eigenproduktion spricht.

Allerdings müssen auch hier mögliche Vorbehalte einer Gruppe gegen Bildmedien und Tondokumentationen ernst genommen werden. Wenn Kamera und Mikrophon generell angstbesetzt sind, fällt es schwer, sich auf visuelle und akustische Erkenntniswege einzulassen.

6.3 Die Entwicklung im Spiegel neuer Studienangebote

Am Beispiel neuer Studienangebote ist zu beobachten, dass Schrift und Bild zunehmend gleichrangig behandelt werden. Die Beobachtung von Franziska Nyffenegger, dass viele Designstudierende mit dem geschriebenen Wort auf Kriegsfuß stünden und die verbale Sprache als Gegensatz zur visuellen Sprache ihrer Ausbildungsdisziplin wahrnähmen (Nyffenegger 2010, S. 1), dürfte an Aktualität verlieren oder sich gegebenenfalls auf eine Distanz zur wissenschaftlichen Sprache einschränken – die allerdings nicht nur in Design-Studiengängen an der Tagesordnung ist. In diesem Buch eine Übersicht über die aktuellen Studienangebote zu geben, die kreatives Schreiben und traditionelle medienpädagogische Ansätze integrieren, ist nicht möglich, weil sie in verschiedene Fachbereiche, wie z. B. Sozialwesen oder interkulturelle Arbeit, integriert und oft als Aufbaustudiengänge organisiert sind. Die folgende Zusammenstellung hat daher keinen Anspruch auf Vollständigkeit, sondern soll nur belegen, dass hier vieles in Bewegung ist.

In Erfurt gibt es an der Philosophischen Fakultät der Universität einen Masterstudiengang *Kinder + Jugendmedien*. Laut Selbstdarstellung werden in dem interdisziplinär ausgerichteten Studium wissenschaftliche Erkenntnisse aus der Medien- und Kommunikationswissenschaft, den Sozialwissenschaften, der Pädagogik, der literarischen Erziehung, der Kindheitsforschung und der Psychologie zusammengeführt und Kenntnisse im Schnittfeld von Medienpädagogik, Kommunikations- und Medienforschung vermittelt. Der Studiengang kooperiert u.a. mit dem Kinderkanal, der Thüringer Landesmedienanstalt und dem KinderMedienzentrum Erfurt. Ob das Kreative Schreiben dabei Erwähnung findet, ist der Homepage nicht zu entnehmen (aufgerufen am 29.07.2012 unter www.uni-erfurt.de).

An der Hochschule Merseburg verantwortet Bettina Brandi, Professorin für Theater und Medienpädagogik, eine bunte Palette von Angeboten im Studiengang *Kultur- und Medienpädagogik,* wie z. B. *neue Theaterformate für die kulturpädagogische Praxis* oder *Storytelling und biografisches Erzähltheater*. Kreatives Schreiben gehört ausdrücklich zu den Methoden und die so entstandenen Texte werden an passenden Orten präsentiert: die Arbeiten zum Thema *Herzschmerz – Poesie trifft Medizin* beispielsweise in der Merseburger Klinik (aufgerufen am 29.07.2012 unter www.ha-merseburg.de).

Mischformen zwischen Kreativem Schreiben und traditioneller aktiver Medienarbeit werden auch in Berlin an der *Alice Salomon Hochschule* (Kreatives Schreiben und Video) erprobt. Neu im Studiengang *Biografisches und Kreatives Schreiben* ist hier zudem das Modul *Szenisches Schreiben,* das sowohl eine Schnittstelle zur literarischen Ausbildung der professionell Schreibenden als auch zum Drehbuchschreiben ist (aufgerufen am 29.08.2012 unter www.ash-berlin.eu).

An der Fachhochschule Münster wurde das Kreative Schreiben im Wintersemester 2011/12 mit der Produktion von Hörstücken kombiniert. Die private christliche *Hoffbauer Berufsakademie* in Potsdam bietet den Erwerb eines *Dualen Bachelor* in Sozialer Arbeit an, mit den Schwerpunkten *Sprache und Sprachförderung* und *Musikpädagogik und Musikvermittlung.* Hier werden Sprachentwicklung, Literacy und Medienpädagogik als ein inhaltlicher Block definiert. Ein Projekt der Berufsakademie ist das Blog "Kiez on the blog", wo u.a. Kreatives Schreiben mit Fotospaziergängen im Kiez (Berliner Begriff für Stadtteil) verbunden wird (aufgerufen am 29.07.2012 unter www.kiez-on-the-blog.de).

Die Bildung beginnt früh. Eine Hamburger *Akademie für Kinder GmbH* offeriert Angebote für 0- bis 12-Jährige und wirbt auf ihrer Homepage u. a. mit "Medienkompetenz durch Kreatives Schreiben" (aufgerufen am 16.09.2012 unter www.akademiefuerkinder.de)

6.4 Bibliotheken

Das Buch ist auch ein elektronisches Medium geworden. Die Vorsitzende des Deutschen Bibliotheksverbands Monika Ziller, gleichzeitig stellvertretende Vorsitzende der Stiftung Lesen, geht davon aus, dass es in 20 Jahren zwar noch Neuerscheinungen auf Papier geben wird, "doch nur für das Ausgefallene, das besonders Schöne. [...] Die wissenschaftlichen Bibliotheken setzen bereits bis zu 80 Prozent ihres Etats für elektronische Bestände ein" (Berg 2012, S. 12). Ziller bewertet diese Entwicklung nicht als Bedrohung für die Bibliotheken, weil sie zukünftig einen steigenden Bedarf an Beratung sieht (ebd.). Gerade wenn professionelle Gatekeeper wie Redakteure im Internet letztlich durch mathematische Gatekeeper wie Programme ersetzt werden (Grau 2012, S. 103), kann die frei zugängliche Bibliothek ein Ort sein, wo auch Überblickswissen bewahrt wird und wo ansonsten kostenpflichtige Datenbanken genutzt werden können. Gleichzeitig könnten sich die Bibliotheken zu dem Ort entwickeln, wo auch die aktive Nutzung des Internets betreut und beraten wird. Dazu gehörten dann Kurse im Kreativen Schreiben und aktiver Medienarbeit.

7 Schlussbetrachtung

Es gibt in der medienpädagogischen Geschichte durchgehend, aber nur vereinzelt, Projekte aktiver Medienarbeit, die Methoden des Kreativen Schreibens integrieren. Ebenso deutlich, aber bezogen auf das gesamte Angebot im Umfang ebenfalls gering, lässt sich belegen, dass in Projekten des Kreativen Schreibens die Produktion von Bild- oder Hörmedien eine Rolle spielt.

Bereits mit Handy- und Hypertext-Projekten rücken Bild-Text-Kombinationen ins pädagogische Blickfeld, aber erst die Kommunikationskultur in Sozialen Netzwerken und Blogs vergrößert die Schnittstellen zwischen den beiden Disziplinen so deutlich, dass sie nicht mehr zu übersehen sind. Die verschiedenen medien- und schreibpädagogischen Ansätze, die bereits mit diesen neuen Möglichkeiten umgehen, werden bislang kaum im Zusammenhang diskutiert und sind auch noch nicht gängig. In der Praxis überwiegt nach wie vor das Offline-Angebot, das lediglich zur Präsentation der Arbeitsergebnisse den Weg ins Internet sucht. Auch das hat zweifellos vieles zu bieten, muss sich aber speziell in Bezug auf Jugendliche, für die die Handy- und Netzwerkkommunikation inzwischen eine zentrale Bedeutung haben, den Vorwurf gefallen lassen, dass es die Jugendlichen nicht dort abholt, wo sie stehen[15]. Auch wenn sie sich gerade diese Altersgruppe viele Anwendungsmöglichkeiten selbst erschließt, "bedarf es zu einer selbstbestimmten und reflektierten Mediennutzung weit mehr. Der Umgang mit Daten, die Bewertung von Informationen und ein distanzierter Blick auf die Medieninhalte sind auch heutigen Jugendlichen nicht in die Wiege gelegt worden" (mpfs, S.68).

Ein Grund für das Beharrungsvermögen der Medien- und Schreibpädagogik auf vertrauten Methoden könnte sein, dass die Projektförderungen eine systematische Reflexion – die im Idealfall im Netz einsehbar wäre und dort von Teilnehmern und Kollegen ergänzt und kommentiert werden könnte – der pädagogischen Arbeit nicht verlangen. Für die Phase der Nacharbeit wäre es m. E. einen Versuch wert, auch auf die Methoden des Kreativen Schreibens zurückgreifen[16].

Ein weiterer Grund für die inhaltlich kaum zu begründende Distanz könnte sein, dass die rasche Entwicklung der Technik in den letzten Jahrzehnten und die damit verbundenen Umwälzungen der Kommunikationskultur alle Kapazitäten banden, die wenigen Medienpä-

[15] Allerdings nur, soweit es ihre Kommunikationsvorlieben betrifft. Sie inhaltlich dort abzuholen, wo sie stehen, gelingt beispielsweise dem Medienprojekt Wuppertal seit 20 Jahren weitgehend offline mit aktiver Videoarbeit unter dem Motto »das bestmögliche Video für das größtmögliche Publikum«.

[16] Zur Anregung der Reflexionsfreude könnten Medienanalysen nach dem Vorbild von Marshall McLuhan in "The Mechanical Bride" mit Methoden des Kreativen Schreibens (Free-Writing) verfasst werden: Beispielsweise ein Youtubefilm pro Monat, der von zehn Medienwissenschaftlern in 15-Minuten-Texten spontan und life im Netz – z.B. auf der Homepage der GMK – kommentiert wird.

dagogen äußerst forderten und alles, was nicht direkt mit medientechnischen Herausforderungen und der Wahrung von Partizipation und Chancengleichheit zusammenhing, an den Rand gedrängt wurde.

Seit Einführung des Web 2.0 hat sich die Lage etwas beruhigt. Nun ist deutlich zu erkennen, dass das Internet ein Kommunikationsapparat im Brecht'schen Sinne geworden ist und die alten Kulturtechniken Lesen und Schreiben noch an Bedeutung gewonnen haben. Im Zuge dieser Entwicklung hat sich der Umgang mit der Schrift allerdings verändert. Form- und Normvorgaben haben an Relevanz verloren, und es werden, was Freinet sicher freuen würde, massenhaft „freie Texte“ aus eigenem Antrieb geschrieben. Für das Verfassen solcher Texte ist die Kenntnis der Methoden des Kreativen Schreibens hilfreich.

Die Präsentation von Texte geht üblicherweise mit Gestaltung einher – bereits die Wahl der Schrifttype trifft eine Aussage. Bei der Einbindung von Tönen und Bildern bietet sich aktive Medienarbeit an. Da die Verbindung von Schrift, Ton und Bild im Web 2.0 zum Regelfall geworden ist, müssen sich beide Disziplinen mit den Möglichkeiten der Interaktivität und Hypertextstrukturen auseinandersetzten und können dabei voneinander lernen.

Kommunikation in allen Spielarten und in ihrer symbolischen Form in Wort und Bild ist zentral für das Zusammenleben, die Entwicklung des Einzelnen und die Gesellschaft. Mit einem schulisch vermittelten Basiswissen über die Produktion und Dechiffrierung von Texten und Bildern, über lineare und rhizomartige Erzählformen werden die außerschulischen Angebote in diesen Bereichen nicht überflüssig. Analog zu Musik- oder Malschulen könnte im außerschulischen Bereich auch eine interessengeleitete Vertiefung der Kenntnisse über Kommunikation ermöglicht werden. Hier wäre der Ort, sämtliche Schattierungen auf der Amateurskala von den Anfängern über die Fortgeschrittenen bis hin zur vorberuflichen Bildung abzudecken – und gegebenenfalls auch das Berufsschulangebot für Ausbildungen in Medienberufen.

Durch das Mitmachnetz, wo sich Nicht-Profis mit künstlerischen Werken aller Art präsentieren, erscheint der Rückblick auf die soziale Geschichte der Amateurkunstbewegungen in einem neuen Licht. Der Selbstausdruck mit künstlerischen Mitteln hat bereits eine lange Tradition[17], sodass es vielleicht interessant wäre, die Kommunikationsgeschichte einmal ganz aus der Perspektive des Beitrags der Amateure zu betrachten und sich auf die Suche nach Belegen für die folgende These von Franz Josef Röll zu machen: “Die Disziplinlosigkeit des Amateurs eröffnet neue Schnittstellen. Ganzheitliche Sichtweisen, Bezugssysteme und Verknüpfungen

---

[17] Z. B. sind die Fotoamateure, deren Geschichte im Kontext von Medienpädagogik wenig beachtet wird, schon seit Ende des 19. Jahrhunderts in Fotoclubs organisiert. Das *American Annual of Photography* listet im Jahr 1893 rund 500 Amateurvereinigungen auf, die teilweise bis heute existieren.

werden erkennbar. Während das einer Disziplin verbundene Denken, die sequentielle Logik, den rationalen Diskurs und kognitive Denkleistung begünstigt, fördert die Disziplinlosigkeit das assoziative, das emotionale und das rhizomartige Denken" (Röll 2012, S. 56).

Die explizit politischen Ansätze der pädagogischen Arbeit aus den 1970er-Jahren sind aktuell interessant, weil sich die vier führenden amerikanischen Internetkonzerne (Amazon, Apple, Facebook und Google) analog zu den damaligen Massenmedien als zunehmend manipulationsfreudig im Umgang mit ihren Kunden erweisen und Transparenz und Mitgestaltung in Bezug auf die von ihnen geschaffenen Strukturen ablehnen.

Nach Recherchen der Wochenzeitung *Die Zeit* erzielen dieselben Anfragen bei der Suchmaschine Google inzwischen unterschiedliche Trefferlisten – weil das individuelle Nutzerprofil ungefragt berücksichtigt wird (vgl. Kutter 2012, S. 21). So wird der weite Horizont des Internets künstlich verengt, was arbeitstechnisch durchaus hilfreich sein kann, aber Irritationen – Grundvoraussetzung für den Anstoß kreativer Prozesse – gezielt ausblendet. Hier sind gesellschaftspolitische Aufmerksamkeit und technische Aufklärung gefordert und gegebenenfalls medienkompetente Strategien des virtuellen Ungehorsams zu entwickeln, um Sand ins Getriebe der Datenverwertung zu streuen.

Woher die große Distanz zwischen Medienpädagogik und Kreativem Schreiben rührt, erschließt sich nach wie vor nicht. Zwar ergeben sich in der konkreten Arbeit einige Probleme wie die möglicherweise fehlende Zeit oder auch die fehlende Kompetenz der Dozenten, wenn kein Unterrichtsteam gebildet werden kann. Eine Mischung der Methoden bietet sich auch nicht immer und überall an, denn sie macht die Vorbereitung eines Projekts insgesamt deutlich aufwendiger. Aber das wird durch die Vorzüge der Methodenerweiterung leicht aufgewogen.

Es könnte daher sein, dass die Distanz sich eher aus folgenden Thesen erklärt:

- Traditionell stehen Bild und Schrift stehen für kulturell verankerte Gegensätze[18]. Trotz allen Schulunterrichts kennzeichnet der Grad der Beherrschung der Schriftsprache nach wie vor soziale Klüfte.
- Das Produzieren von Bildern gilt als latenter Kampf gegen die Macht der Schriftkultur, obwohl die Produktion von AV-Medien hochgradig auf Sprache angewiesen ist,

[18] Selbst an Design- und Kunsthochschulen existiert die Dichotomie von Bild und Wort. Franziska Nyffenegger beobachtet hier ein "am Visuellen orientiertes Selbstverständnis der Studierenden und die in der disziplinären Tradition verankerte Ablehnung des geschriebenen Wortes", der sie mit Blogs zu Leibe rückt (Nyffenegger 2010, S. 1).

sowohl bei der konzeptionellen Entwicklung als auch im Produktionsprozess oder bei der Einordnung und Reflexion der (Zwischen)Ergebnisse.

- Da Bilder direkt auf die Emotion zugreifen und sich daher bestens zur Manipulation eignen, haben sie in der Tat ein bedrohliches Potenzial – das allerdings noch steigt, wenn ein grundsätzliches Bildverständnis und die Kenntnis entsprechender Manipulationstechniken fehlen.
- Schreiben wird im Rahmen der handlungsorientierten Medienpädagogik möglichst vermieden und für Kinder und Jugendliche eher als Zumutung denn als Vergnügen angesehen – vor allem für Hauptschüler, was ihnen auf subtile Weise bestätigt, dass Schrift nichts für ihresgleichen ist.
- Vonseiten der Medienpädagogik werden Poesie, Expression und literarischer Ausdruck als elementare Bestandteile des Schreibens oft übersehen, und das Schreiben wird mit Schule und Zwang assoziiert.
- Für das Kreative Schreiben sind zwar Emotionen und Erfahrungen elementar, die auf optischen Eindrücken basieren, dennoch werden wenige Versuche unternommen, die Bildproduktion gleichrangig in die Textproduktion einzubinden.
- Das Entschlüsseln von Bildern als Kulturtechnik wird ungenügend gelehrt und gelernt ("Bildalphabetisierung"). In pädagogischen Kontexten wird die Komplexität und dichte Symbolik fiktionaler Bilderwelten nach wie vor nicht anerkannt. Es ist beispielsweise nicht denkbar, dass im Rahmen einer Masterarbeit die Zusammenfassung nicht in Textform, sondern als Karikatur geschieht – gleichgültig, wie qualitativ hochwertig und inhaltlich treffend sie auch sein mag. Zumindest würde ein erläuternder Text dazu verlangt.

Die aktuellen Medienkonvergenzbewegungen und das Internet brechen die Dichotomie von Bild und Wort auf. Im Internet wird nicht nur viel gelesen, gesehen und gehört, es wird auch viel geschrieben (geemailt, gebloggt, getwittert, gechattet und gepostet). In diese informellen Texte mischen sich, den technischen Möglichkeiten folgend, zunehmend Bilder, Fotos und kurze Filme, die nicht nur Illustration sind, sondern Ausdruck von Befindlichkeit, Meinung oder Haltung. Infolgedessen bewegen sich die Medienpädagogik und das Kreative Schreiben nahezu zwangsläufig aufeinander zu, und aus der Geschichte und der Gegenwart ergeben sich zahlreiche Inspirationen für eine verstärkte Zusammenarbeit.

8 Literatur

Antons, K. (1987): Feedback. In: Antons, K (Hrsg.): *Praxis der Gruppendynamik.* Göttingen: Hogrefe, S. 98-112.

Baacke, D. (1973). Neue Ansätze einer Kommunikationsdidaktik. In: Baacke, D. (Hrsg.). *Mediendidaktische Modelle: Fernsehen.* München: Juventa.

Baacke, D. (1997). *Medienpädagogik.* Tübingen: Niemeyer

Baacke, D. (2006). Was ist Medienkompetenz? In: Lauffer, J. & Röllecke, R. (2006). *Dieter Baacke Preis. Methoden und Konzepte medienpädagogischer Projekte.* Bielefeld: AJZ Druck & Verlag

Baader, M. S. (2008). Von der sozialistischen Erziehung bis zum buddhistischen Om. Kinderläden zwischen Gegen- und Elitekulturen. In: Baader, M.S. (Hrsg.), *"Seid realistisch, verlangt das Unmögliche!". Wie 1968 die Pädagogik bewegte.* Weinheim/Basel: Beltz.

Bachmair, B.; Friedrich, K. & Risch, M. (2011). *Mobiles Lernen mit dem Handy. Herausforderung und Chance für den Unterricht.* Weinheim/Basel: Beltz.

Baumert, J. (2001). *PISA 2000. Basiskompetenzen von Schülerinnen und Schülern im internationalen Vergleich.* Opladen: Leske + Budrich

Berg, C.; Breuer, D.; Rebitzki, F.; Wilke, W.; Wilke, M. & Zwicker, U. (1975). *Filme kieken is nich. Praktische Medienarbeit mit Kindergruppen.* Berlin: Wannseeheim für Jugendarbeit.

Berg, L. (2012). "Oasen in einer hektischen Welt". In: *Berliner Zeitung, 172*, S. 12.

Bergmann, S.; Palme, H. J.; Schröder, B. & Troesser, M. (2000). Barfuß im Cyberspace – neue Pfade medienpädagogischer Praxis. In: GMK (Hrsg.). *Denkräume: Szenarien zum Informationszeitalter. Rundbrief Nr. 43.* Bielefeld: AJZ Druck & Verlag, S. 126-137

Blöchl, E.; Mischon, C. (Hrsg.) (1991). *... sich in die Worte zu verwandeln ..., Theapeutische und pädagogische Aspekte des Kreativen Schreibens.* Berlin: Verlag Schelsky & Jeep.

Borrmann, A. (2002). *Ingo Schule: Simple Storys.* Unterrichtseinheit. Aufgerufen am 20.08.2012 unter www.lehrer.online.de

Bothe, K. (1998). Kreatives Schreiben. In: Historisches Wörterbuch der Rhetorik, Band 4., S. 1371-1377. Tübingen: Max Niemeyer Verlag.

Bräuer, G. (2005). Kreatives Schreiben in der Schreibberatung. In: Ermert, K. & Kutzmutz, O. (Hrsg.) *Wie aufs Blatt kommt, was im Kopf steckt. Über Kreatives Schreiben.* Wolfenbüttel: Bundesakademie Selbstverlag, S. 125-137.

Böttcher, I. (Hrsg.) (1999). *Kreatives Schreiben. Grundlagen und Methoden. Beispiele für Fächer und Projekte. Schreibecke und Dokumentation.* Berlin: Cornelsen.

Burow, O. A. (1999). *Die Individualisierungsfalle – Kreativität gibt es nur im Plural.* Stuttgart: Klett-Cotta.

Burow, O. A. (2000). *Ich bin gut, wir sind besser – Erfolgsmodelle kreativer Gruppen.* Stuttgart: Klett-Cotta.

Burgsmüller, C. & Tilmann, B. (2010). *Abschlussbericht über die bisherigen Mitteilungen über sexuelle Ausbeutung von Schülern und Schülerinnen an der Odenwaldschule im Zeitraum 1960 bis 2010.* Wiesbaden/Darmstadt: ohne Angabe.

Charlton, M. (2010). Lesen. 10 Antworten. In: Medienkompetenz und Medienpädagogik in einer sich wandelnden Welt. Infoset des mpfs. Aufgerufen am 20.08.2012 unter http://www.mpfs.de.

Doelker, C. (2010): *Kulturtechniken und Medien. 10 Antworten.* In: Medienkompetenz und Medienpädagogik in einer sich wandelnden Welt. Infoset des mpfs. http://www.mpfs.de.

Dunbar, R. (1998). Klatsch und Tratsch – wie der Mensch zur Sprache fand. München: Bertelsmann.

Dutschke, Rudi (1968). Vom Antisemitismus zum Antikommunismus. In: Bergmann, B.; Dutschke, R.; Lefévre, W.; Rabehl, B. (Hrsg.): *Die Rebellion der Studenten oder die Neue Opposition.* Reinbek: Rowohlt, S. 58-85.

Enquete-Kommission *Neue Informations- und Kommunikationstechniken. Zwischenbericht* (1983). Deutscher Bundestag. Drucksache 9/2442. Bonn

Fengler, J. (1998): *Feedback geben. Strategien und Übungen.* Weinheim: Beltz.

Fritzsche, J. (1994) *Zur Didaktik und Methodik des* Deutschunterrichts. Bd. 2: Schriftliches Arbeiten. Stuttgart, Düsseldorf: Ernst Klett Schulbuch.

Gedschold, Ch. (2012). Spielen allein reicht nicht. In: *Zeitschrift für Theaterpädagogik. Kreatives Schreiben. Impulse – Methoden – Variatonen. 28. Jahrgang; Heft 60.* Milow: Schibri Verlag, S. 18 f.

Girgensohn, K. (2007). *Neue Wege zur Schlüsselqualifikation Schreiben. Autonome Schreibgruppen an der Hochschule.* Wiesbaden: VS Verlag.

Görlitz, M. (2005) Amerika, du hast es besser … Creative Writing in den USA. In: Ermert, K. & Kutzmutz, O. (Hrsg.) *Wie aufs Blatt kommt, was im Kopf steckt. Über Kreatives Schreiben.* Wolfenbüttel: Bundesakademie Selbstverlag, S. 76-81.

Grau, A. (2012). Fröhlich in der Blase. In: Freiwillige Selbstkontrolle Fernsehen (FSF) (Hrsg.). *Alles nur Theater?. Fernsehen zwischen Bühne und Wirklichkeit. tv-diskurs. Verantwortung in audiovisuellen Medien.* Konstanz: UVK, S. 102-105

Hickethier, K. (1998). Geschichte des deutschen Fernsehens. Stuttgart/Weimar: J.B. Metzler.

Hoffmann, B.; Martini, H.; Martini, U.; Rebel, G.; Wickel, H.H. & Wilhelm, E. (2004). *Gestaltungspädagogik in der Sozialen Arbeit.* Paderborn: Schöningh UTB.

Horx, M. (2012). Aus Panik populistisch. Kolumne. *Berliner Zeitung, 125,* S. 4

Hüther, J. & Schorb, B. (2005). Medienpädagogik. In: Hüther, J. & Schorb, B. (Hrsg.). *Grundbegriffe Medienpädagogik.* 4. Auflage, München: Kopaed, S. 265-276.

Hurrelmann, B. (2005). Im Familienschoß kultiviert - über Jahrhunderte transportiert Interview vom 03.08.2005, aufgerufen am 20.07.2012 unter www.lesen-in-deutschland.de

Jütten, F. (2011). Mit dem aufrechten Gang kam die Sprache. *Berliner Zeitung, 35*, S. 15.

Kazda, J.; Müller, A. & Wember, B. (1971). Medien und Gesellschaft. In: JFF – Institut für Medienpädagogik in Forschung und Praxis (Hrsg.) (1999).*Von der „Filmerziehung“ zur „Medienkompetenz“. medien + erziehung (merz) spiegelt die Entwicklung der Medienpädagogik.* München: KoPäd, S. 107-127.

Keilhacker, M. (1968). Der Mensch von Heute in der Welt der Information. In: JFF – Institut für Medienpädagogik in Forschung und Praxis (Hrsg.) (1999).*Von der „Filmerziehung“ zur „Medienkompetenz“. medien + erziehung (merz) spiegelt die Entwicklung der Medienpädagogik.* München: KoPäd, S. 182-189.

Kleist, H.v. (1810): *Über die allmählige Verfertigung der Gedanken beim Reden.* Herausgegeben vom Kleist-Museum Frankfurt (Oder) 2002

Koch, G. (2012): *Es wird geschrieben, geschrieben und geschrieben ... und zwar schöpferisch, d.h. kreativ. Eine Miszelle.* In: *Zeitschrift für Theaterpädagogik. Kreatives Schreiben. Impulse – Methoden – Variatonen. 28. Jahrgang; Heft 60.* Milow: Schibri Verlag, S. 4-6.

Köhler, M. (1980). Alternative Videoarbeit – Suche nach neuem Selbstverständnis. In: JFF – Institut für Medienpädagogik in Forschung und Praxis (Hrsg.) (1999).*Von der „Filmerziehung“ zur „Medienkompetenz“. medien + erziehung (merz) spiegelt die Entwicklung der Medienpädagogik.* München: KoPäd, S. 182-189.

Kornblum, S. (1999). Ein Blick in die Geschichte medienpädagogischer Modellprojekte am Beispiel des „Jugendfilmstudio Berlin“ (1963 – 1995). In: Baacke, D.; Kornblum, S.; Lauffer, J.; Mikos, L. & Thiele, G. A. (Hrsg.). *Handbuch Medien: Medienkompetenz. Modelle und Projekte.* Bonn: Bundeszentrale für politische Bildung, S. 23- 30.

Kruse, P. (2010). Vortrag vom 15.10.2010, aufgerufen am 27.06.2012 unter www.youtube.de

Kutter, I. (2012). Das ewige Update. In: *Die Zeit, 32*, S. 21

Lauffer, J. & Röllecke, R. (Hrsg.) (2012). Chancen digitaler Medien für Kinder und Jugendliche. Medienpädagogische Konzepte und Perspektiven. Dieter Baacke Preis Handbuch 7. München: kopaed.

Lehnen-Beyel, I. (2006). New Scientist, 18.02.06, S. 11, aufgerufen am 23.07.2012 unter www.ddp/wissenschaft.de.

Lorenz, H. (2003). *Kriegskinder. Das Schicksal einer Generation.* München: List.

Lorenz, H. (2010). *Heimat aus dem Koffer. vom Leben nach Flucht und Vertreibung.* Augsburg: Weltbild

Martini, H. (2004). Literatur und Sprache. In: Hoffmann, B.; Martini, H.; Martini, U.; Rebel, G.; Wickel, H.H. & Wilhelm, E. (2004). *Gestaltungspädagogik in der Sozialen Arbeit.* Paderborn: Schöningh UTB, S. 173-183.

Mattenklott, G. (1979). *Literarische Geselligkeit. Schreiben in der Schule.* Stuttgart: J.B. Metzler.

Mechsner, F. (2012). Anthropologie: Was ist der Mensch? In: *Geo 01/2012*, S. 126-148

Mettler-von Meibom, B. (1999). Was ist Medienkompetenz? Statement zu einem facettenreichen Begriff. In: Schell, F.; Stolzenburg, E. & Theunert, H. (Hrsg.) (1999). *Medienkompetenz. Grundlagen und pädagogisches Handeln.* Reihe Medienpädagogik. München: KoPäd.

mpfs - Medienpädagogischer Forschungsverbund Südwest (Hrsg.) (2011). *JIM 2011, Jugend, Information, (Multi-) Media. Basisstudie zum Medienumgang 12- bis 19-Jähriger in Deutschland.* http://www.mpfs.de

Minto, B. (2005). *Das Prinzip der Pyramide. Ideen klar, verständlich und erfolgreich kommunizieren.* München et al.: Pearson Studium

Mischon, C. (1991). Kreatives Schreiben und Video. In: Blöchl, E.; Mischon, C. (Hrsg.) (1991). *... sich in die Worte zu verwandeln ..., Therapeutische und pädagogische Aspekte des Kreativen Schreibens.* Berlin: Verlag Schelsky & Jeep, S.115-129.

Mischon, C.; Schulte-Steinicke, B. & Werder, L. v. (1992). *Kreative Literaturgeschichte.* Milow: Schibri Verlag.

Mischon, C. (2010). *Kreatives Schreiben – Geschichte, Methoden, Techniken, Szenarien.* ASH-Lehrbrief M01, FB Biografisches und Kreatives Schreiben, WS 2010/11. Berlin: Alice-Salomon-Hochschule.

Möller, H. R. (1970). *Gegen den Kunstunterricht. Versuche zur Neuorientierung.* Ravensburg: Otto Maier Verlag

Moser, H. (2008). Medien und Reformpädagogik. In: Sander, U.; Gross v., Friederike & Hugger, K.-U. (Hrsg.) (2008). *Handbuch Medienpädagogik.* Wiesbaden: VS-Verlag, S. 15-21.

Müller-Egloff, P. (1971). Aktion: Politikdesign. In: Giffhorn, H. (Hrsg.). *Politische Erziehung im ästhetischen Bereich. Unterrichtsbeispiele.* Velber: Friedrich Verlag.

Niesyto, H. (Hrsg.) (2006). *film kreativ. Aktuelle Beiträge zur Filmbildung.* Reihe Medienpädagogik interdisziplinär. Band 6. München: kopaed.

Nyffenegger, F. (2010). *Design mit dem ABC. Schreiben an Design- und Kunsthochschulen.* Aufgerufen am 17.06.2012 unter www.zeitschrift-schreiben.eu

Rebitzki, F. (1993). "Seid Sand im Getriebe jeder Gesellschaft." Biografische Stationen im Leben eines Medienpädagogen. In: Lauffer, J.; Thier, M. (1993). *Medienbiographien im vereinten Deutschland.* Bielefeld: AJZ-Druck

Rodari, G. (1992). *Grammatik der Phantasie. Die Kunst, Geschichten zu erfinden.* Leipzig: Reclam.

Röll, F. J. (2003) *Pädagogik der Navigation. Selbstgesteuertes Lernen durch Neue Medien.* München: kopaed.

Röll, F. J. (2006). Methoden der Medienpädagogik. In: Lauffer, J. & Röllecke, R. (2006). *Dieter Baacke Preis. Methoden und Konzepte medienpädagogischer Projekte. Handbuch 1.* Bielefeld: AJZ-Druck.

Röll, F. J. (2008). Außerschulische Jugendarbeit. In: Sander, U.; Gross v., Friederike & Hugger, K.-U. (Hrsg.) (2008). *Handbuch Medienpädagogik.* Wiesbaden: VS-Verlag, S. 512-518.

Röll, F. J. (2012). Medienpädagogische Trends. In: Ganguin, S. & Meister D. (Hrsg.). *Digital native oder digital naiv?*. München: kopaed.

Sander, U. (2001). Wie wird man eigentlich medienkompetent? In: GMK (Hrsg.) (2001). *Medienkompetenz in Theorie und Praxis.* Bielefeld: AJZ Druck und Verlag, S. 92-95

Schell, F. (1999). Jugendmedienschutz und Medienpädagogik: Ein wechselvolles Verhältnis. In: Schell, F.; Stolzenburg, E. & Theunert, H. (Hrsg.) (1999). *Medienkompetenz. Grundlagen und pädagogisches Handeln.* Reihe Medienpädagogik. München: Kopäd.

Schell, F. (2008). Projektorientierung. In: Sander, U.; Gross v., Friederike & Hugger, K.-U. (Hrsg.) (2008). *Handbuch Medienpädagogik.* Wiesbaden: VS-Verlag, S. 587-592.

Scheller. I. (2004). Szenische Interpretation: Theorie und Praxis eines handlungs- und erfahrungsbezogenen Literaturunterrichts in Sekundarstufe I und II. Seelze: Friedrich Verlag

Scheuermann, U. (2012). *Schreibdenken. Schreiben als Denk- und Lernwerkzeug nutzen und vermitteln.* Opladen: Verlag Barbara Budrich/UTB.

Schorb, B. (1989). Berufsbild, Berufsfeld, Arbeitsfeld? In: JFF – Institut für Medienpädagogik in Forschung und Praxis (1999) (Hrsg.).*Von der „Filmerziehung" zur „Medienkompetenz". medien + erziehung (merz) spiegelt die Entwicklung der Medienpädagogik.* München: KoPäd, S. 215-217.

Schorb, B. (2008). Handlungsorientierte Medienpädagogik. In: Sander, U.; Gross v., Friederike & Hugger, K.-U. (Hrsg.) (2008). Handbuch Medienpädagogik. Wiesbaden: VS-Verlag, S. 75-86.

Sellmann, A. (1912). Kino und Stadtverwaltungen, Hagen 1912. In: Bild und Film. Zeitschrift für Lichtbilderei und Kinematographie, 1912, 1. Jahrgang Heft 2, S.51-53, Mönchengladbach. Internetportal "Westfälische Geschichte". Aufgerufen am 19.05.2012 unter www.westfaelische-geschichte.de

Spielmann, R. (2011). Filmbildung! : Traditionen, Modelle, Perspektiven. München: kopaed.

Spinner, K. H. (2005). Gibt es eine Didaktik des kreativen Schreibens?. In: Ermert, K. & Kutzmutz, O. (Hrsg.) *Wie aufs Blatt kommt, was im Kopf steckt. Über Kreatives Schreiben.* Wolfenbüttel: Bundesakademie Selbstverlag, S. 125-137.

Thenior, R. (2005) Das geheime Leben der Wörter. Freies Schreiben in der Schule. In: Ermert, K. & Kutzmutz, O. (Hrsg.) *Wie aufs Blatt kommt, was im Kopf steckt. Über Kreatives Schreiben.* Wolfenbüttel: Bundesakademie Selbstverlag, S. 95-102.

Vorndran, O. & Schnoor, D. (Hrsg.) (2003). *Schulen für die Wissensgesellschaft. Ergebnisse des Netzwerkes Medienschulen.* Gütersloh: Verlag Bertelsmann Stiftung.

Wasem, E. (1976). Medienpädagogik. In: JFF – Institut für Medienpädagogik in Forschung und Praxis (1999) (Hrsg.). *Von der „Filmerziehung" zur „Medienkompetenz". medien + erziehung (merz) spiegelt die Entwicklung der Medienpädagogik.* München: KoPäd, S. 162 f.

Weiner, J. (2011). "Medienkompetenz" – Chimäre oder Universalkompetenz?. In: *Aus Politik und Zeitgeschichte 3/2011.* Beilage zur Wochenzeitung Das Parlament. Bonn: bpb.

Werder, L. v. (1986). *... triffst du nur das Zauberwort. Eine Einführung in die Schreib- und Poesietherapie und in die Arbeit von literarischen Werkstätten.* München/Weinheim: Juventa.

Werder, L. v. (1991). Aktuelle Fragen zum kreativen Schreiben als integrativem Ansatz. In: Blöchl, E.; Mischon, C. (Hrsg.): *... sich in die Worte zu verwandeln ..., Therapeutische und pädagogische Aspekte des Kreativen Schreibens.* Berlin: Schelzky & Jeep, S. 65-97.

Werder, L. v. (1992). Kreatives Schreiben in den Wissenschaften. Für Schule, Hochschule und Erwachsenenbildung. Berlin/Milow: Schibri-Verlag.

Werder, L. v. (2005, 4. Auflage, 1. Auflage 1990). *Lehrbuch des Kreativen Schreibens.* Berlin/Milow: Schibri-Verlag.

Werder, L. v. (2009). *Die Welt romantisieren. Wie schreibe ich meine persönliche Mythologie?.* Berlin/Milow: Schibri-Verlag.

Wiedemann, D. (2003) Zurück zu den Wurzeln. Anmerkungen zur Wiederbelebung der Filmerziehung. In: Nexum: Juni 2003/ Heft 10. gmk-net 20.08.2012.

Wiedemann, D. (2012). Hat Brecht sich doch geirrt? In: Felsmann, K. D. (Hrsg.). *Medientechnologien vs. Handlungsstrategien: Der Spielraum des Rezipienten.* Buckower Mediengespräche, Bd. 15. München: kopaed.

Wilhelm, E. (2004). Kreativität. In: Hoffmann, B.; Martini, H.; Martini, U.; Rebel, G.; Wickel, H. H. & Wilhelm, E. *Gestaltungspädagogik in der Sozialen Arbeit.* Paderborn: Schöningh UTB.

Lexika

Brockhaus Enzyklopädie in 20 Bänden, 17. Auflage, 1966-1974, Ergänzungsband A-I 1975

Wikipedia Enzyklopädie. Aufgerufen vom 15.05.-20.08.2012 unter www.wikipedia.de

Suchmaschinen

www.google.de

www.metager.de